SAMMLUNG TUSCULUM

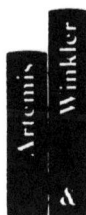

Wissenschaftliche Beratung:

Karl Bayer, Manfred Fuhrmann, Fritz Graf,
Erik Hornung, Rainer Nickel

DAS
ZWÖLFTAFELGESETZ

Texte, Übersetzungen und Erläuterungen
von Rudolf Düll

ARTEMIS & WINKLER

Titel: Pax (Friedensgöttin). Bronzemünze

Die Deutsche Bibliothek – CIP-Einheitsaufnahme

Das Zwölftafelgesetz :
Texte, Übersetzungen und Erläuterungen
/ von Rudolf Düll.
[Wiss. Beratung: Karl Bayer . . .].
7. Aufl. – Zürich : Artemis und Winkler, 1995
(Sammlung Tusculum)
Einheitssacht.: Leges duodecim tabularum ⟨dt.⟩
ISBN 3-7608-1640-1
NE: Düll, Rudolf [Hrsg.]; EST

Siebte Auflage

Artemis & Winkler Verlag
© 1995 Artemis Verlags-AG Zürich

Druck und Bindung: Pustet, Regensburg
Printed in Germany

INHALT

Um das Jahr 753 v. Chr. wird die Gründung Roms angesetzt. Zunächst waren, vielfach von Sagen umwoben, Romulus und seine königlichen Nachfolger, die vornehmlich aus etruskischem Adelsgeschlecht stammten, die Herrscher dieses Bauernstaates der Latiner, der von der Herrschaft über die Siebenhügelstadt und ihre unmittelbare Umgebung zur Beherrschung der antiken Welt emporsteigen sollte. Das Leben in diesem ältesten Rom vollzog sich fast nur nach Gewohnheitsrecht, das von der tonangebenden Schicht der ansässigen Patrizier ausging, und nur wenige Gesetze, die auf die Könige zurückgeführt werden und vorzugsweise sakrales Recht betreffen (die sogenannten leges regiae), erhellen dieses Dunkel. Nach Sturz der Königsherrschaft (510 v. Chr.) folgte die langsame Ausbildung der freiheitlichen Verfassung und die Anbahnung der Auseinandersetzung zwischen den Patriziern und der Masse der in Schutz genommenen Hörigen und Unterworfenen, den Plebejern. Die Herrschaft der Patrizier war drückend und der Mangel geschriebenen Rechts wirkte beunruhigend für die Plebejer. Daher strebten diese danach, zu festen Regeln des Rechts in geschriebenen Gesetzen zu gelangen. Durch ihre Auswanderung auf den heiligen Berg hatten die Plebejer im Jahre 494 v. Chr. den Patriziern das Volkstribunat abgetrotzt, aber noch immer war die Anwendung des ungeschriebenen Rechts in den Händen der patrizischen Beamten. Deshalb war es eine der besonderen Forderungen der Volkstribunen, die Inangriffnahme der schriftlichen Niederlegung des Rechtes zu veranlassen. Endlich gab der Senat nach und bestimmte, daß zunächst für das

Jahr 451 v. Chr. „Zehnmänner für die Aufzeichnung der Gesetze" (Xviri legibus scribundis) eingesetzt wurden. Nach antiker Auffassung konnten nur solche Männer in wirklicher Unabhängigkeit Rechtsbestimmungen festsetzen, die im Staat keine Obrigkeit über sich hatten, ein Umstand, der auch in Athen Beachtung fand, wo man im Jahre 594 v. Chr. Solon als alleinigen Archonten mit königlicher Gewalt zum Gesetzgeber gemacht hatte. Analog erhielten die genannten Dezemvirn die volle konsularische Gewalt und diktatorische Machtfülle.

In ihrem Amtsjahr (451) unterbreiteten die Zehnmänner dem Volk zehn Gesetzestafeln zur Abstimmung, die in den Zenturiatkomitien verfassungsmäßig angenommen wurden. Doch das Werk hatte noch Mängel und zu deren Abstellung sollte im Jahre 450 die Gesetzgebung durch neue Dezemvirn fortgesetzt werden. Diese fertigten noch zwei weitere Tafeln und ließen sie durch das Volk annehmen. Damit war im Jahre 450 v. Chr. das *Gesetz der Zwölftafeln* abgeschlossen. Es wurde in Erztafeln eingegraben und auf dem Forum aufgestellt. Die Version, daß es Elfenbeintafeln waren, von welchen der Jurist Pomponius berichtet, ist ganz vereinzelt und hat vielleicht darin ihren Grund, daß man in der Kaiserzeit eine Erneuerung vornahm.

Einen breiten Raum in der römischen Überlieferung nehmen die Hinweise ein, die zum Ausdruck bringen, daß man bei Abfassung der Zwölftafeln in der damals hochentwickelten griechischen Welt Umschau hielt, namentlich in Athen, und von griechischen Gesetzgebungen Gedanken entlehnte. Es hat nicht an Stimmen gefehlt, welche diesen Berichten ablehnend oder zum mindesten skeptisch gegenüberstehen. Doch kann es keinem Zweifel unterliegen, daß sie im wesentlichen der Wahrheit entsprechen. Denn es lag nahe, daß man fremde Gesetzgebungen, zumal solche, die damals in hohem Ansehen standen, vor Inangriffnahme eines neuen und umfassenden Gesetzgebungsaktes studierte. Daß man sie nicht ohne weiteres kopierte, heben antike Berichte übrigens ausdrücklich hervor. Die Zwölftafeln haben in erster Linie eine große Reihe altrömischer eigener Rechtseinrichtungen, die gewohnheitsrechtlich Jahrhunderte lang in Übung waren, schriftlich fixiert und nur dort fremdes Recht zum Vorbild genommen, wo man es für zweckmäßig hielt. Dabei übernahm man auch etruskisches Brauchtum im Bereich des Sakralrechts. Daß sich die Gesetzgeber in Rom Mühe gaben, ein für alle Stände gleichmäßiges Recht zu schaffen, zeigen uns die Bruchstücke des Gesetzes, abgesehen von Tf. XI, 1, ganz deutlich; ja, nach Tacitus ist das Gesetzgebungswerk sogar das letzte römische Gesetz, das ein gleiches Recht für alle schuf.

Außerrömische antike Gesetzgebungswerke größeren Stils, die vor den Zwölftafeln liegen, gab es eine ganze Reihe. Wohl war der damaligen antiken Welt die umfangreiche Gesetzgebung Hammurapis, Königs von Babylon, etwa aus dem Jahr 1700 v. Chr., die älteste uns im Text überlieferte größere Gesetzsammlung, nicht bekannt. Aber in Griechenland selbst und in den griechischen Kolonien, besonders in Großgriechenland, standen gesetzgeberische Schöpfungen damals in hohem Ansehen. Schon um das Jahr 750 v. Chr. werden die Gesetze des Lykurg in Sparta angesetzt. Um 660 v. Chr. entstand die berühmte Gesetzgebung des Zaleukos von Lokri in Unteritalien, die erste griechische, die nach der Überlieferung auf geschriebenem Recht beruht (Strabon VI 1, 7 p. 259: οἱ Λοκροὶ πρῶτοι δὲ νόμοις ἐγγράπτοις χρήσασθαι πεπιστευμένοι εἰσί). Um 620 v. Chr. folgte für Athen Drakon als Gesetzgeber und 594 v. Chr. wurden für die gleiche Stadt die gefeierten Gesetze Solons geschaffen. Charondas verfaßte um 550 v. Chr. für Katane auf Sizilien seine Gesetze und etwa 50 Jahre später entstand die Gesetzgebung von Gortyn auf Kreta, die uns in beachtlichen Teilen erhalten ist.

Was den Inhalt der Zwölftafeln anlangt, so betraf er Privatrecht, öffentliches Recht und ius sacrum, machte also nach Livius Worten (3, 34, 6) das Gesetz zum „fons omnis publici privatique iuris". Es ist sichtbar auf den alten Agrarstaat Roms zugeschnitten. Noch herrscht Formenstrenge und eine gewisse Einförmigkeit der Rechtsgeschäfte, Förmlichkeit des Rechtsgangs, aber es zeigen sich schon sehr beachtliche Ansätze zum Durchbruch individueller Freiheit, die den Keim freiester Weiterentwicklung in sich tragen. Der Gesetzeswortlaut ist altertümlich, knapp, lapidar. Wohl ist manches hart und streng; Überreste von Selbsthilfe, Privatrache und Wiedervergeltung sind vorhanden, doch es fehlt auch nicht an Spuren von Milde und nachsichtiger Behandlung nebensächlicher Fehlhandlungen. Es regelt die Nachordnung der privaten Belange hinter jene des Gemeinwesens, die Einfügung des Einzelnen in den vom Staat gutgeheißenen Kult und die Aufrechterhaltung von Frieden und Eintracht unter den Bürgern.

Die Überlieferung zum Inhalt des Gesetzes ist spärlich und lückenhaft. Man schätzt, daß uns nur etwa der dritte Teil des Gesamtinhalts bekannt ist. Dabei war das Gesamtwerk, antiken Berichten zufolge, nicht sehr umfangreich. Von dem Inhalt, der uns bekannt ist, ist auch nur ein geringer Bruchteil im Urtext erhalten, ja nach Ansicht mancher ist es zweifelhaft, ob die als Urtext angesehenen Stellen nicht schon spätere Überarbeitungen sind, die aus der Zeit nach der Vernichtung der ältesten Zwölftafeln durch die gallische Eroberung (388 v. Chr) stammen. Man glaubt, daß jede Tafel der ersten zehn Tafeln ein abgeschlossenes

Ganzes behandelte und eine Reihe verschiedener Gesetze enthielt, über deren Reihenfolge wir zum Teil aus antiken Berichten wissen. Unter den Fragmenten des Gesetzes unterscheidet man unmittelbare und mittelbare Reste. Die ersteren sind Bruchstücke aus dem Gesetzestext selbst, die dessen wirklichen Wortlaut bringen. Solche Bruchstücke werden gewöhnlich, so auch im folgenden, in Großbuchstabenschrift wiedergegeben. Die antiken Quellen für diese Bruchstücke sind u. a. Cicero, Festus, Gellius, der ältere Plinius, dann auch die Juristen Gaius und Ulpian. Neben diesen unmittelbaren Resten gibt es zahlreichere mittelbare, d. h. solche, die uns lediglich Angaben über einen bestimmten Inhalt des Gesetzes machen. Über die Verteilung des Stoffes auf die einzelnen Tafeln ist nur zu Tafel 2 Genaueres überliefert, indem Berichte angeben, in welcher Tafel und in welchem Abschnitt derselben (caput) eine bestimmte Vorschrift stand. In sehr vielen Fällen sind wir aber hier, was die Einreihung des Materials anlangt, auf Vermutungen angewiesen. Und auch da, wo der Urtext überliefert ist, ist die Frage der Reihenfolge bzw. der unmittelbaren Zusammengehörigkeit mehrerer Sätze nicht immer sicher. Ähnliches gilt auch von der Verwertung der Berichte des in den Digesten teilweise erhaltenen sechsteiligen Kommentars des Juristen Gaius zu den Zwölftafeln, von dem je ein Buch, wie man annimmt, sich auf zwei Gesetzestafeln erstreckte und dabei fortlaufend die Materien der betreffenden Tafeln behandelte. Ein wesentliche Bereicherung unserer Kenntnis vom Zwölftafelrecht hat der Gaiusfund des Jahres 1933 gebracht, der im folgenden mit berücksichtigt ist.

Nicht unerwähnt soll bleiben, daß auch Ansichten vertreten wurden, die sämtlichen Berichte über die Gesetzgebung der Zwölftafeln seien spätere Legende, das Gesetzgebungswerk sei in Wirklichkeit Jahrhunderte jünger und aus einer Kompilation späterer Juristen wie Cn. Flavius und S. Aelius Catus hervorgegangen. Doch bei den übereinstimmenden Berichten über den Werdegang der Gesetzgebung und namentlich im Hinblick auf die wirtschaftlichen Verhältnisse der Entstehungszeit, die mit dem einem Agrarstaat angemessenen Inhalt des Gesetzes übereinstimmen, haben diese die Authentizität des Gesetzes bestreitenden Stimmen mit Recht keine Anerkennung gefunden.

Die Bemühungen, die Zwölftafeln zu rekonstruieren, gehen bis ins 16. Jahrhundert zurück. Seit der Zeit der Humanisten haben Gelehrte fast aller größeren Kulturstaaten sich um dieses Ziel bemüht. Das Verdienst, alle Arbeiten auf diesem Gebiet zusammengestellt und gesichtet zu haben gebührt Heinrich Eduard *Dirksen*, der eine „Übersicht der bisherigen Versuche zur Kritik und Herstellung des Textes der Zwölftafelfragmente" schrieb (Leipzig 1824). Auf ihr beruht die gründliche Bearbeitung von Rudolf *Schöll*: legis XII tabularum reliquiae (Leipzig 1866). Auf Grund dieser Schöllschen kritischen Bearbeitung hat Karl Georg *Bruns* im Verein mit Theodor *Mommsen* und Otto *Gradenwitz* in dem Werk „Fontes Iuris Romani Antiqui", das in 7. Auflage vorliegt (Tübingen 1909), die Fragmente der Zwölftafeln geordnet zusammengestellt. Dieser Aufstellung hat sich seither die wissenschaftliche Welt im wesentlichen angeschlossen, z. B. *Girard*, textes de droit Romain (5. Aufl. Paris 1923) und *Riccobono*, fontes Iuris Romani Antejustinianei, Bd. I, leges (Florenz 1941). Sie liegt auch der folgenden Darstellung zugrunde.

Zur Frage der Zwölftafelgesetzgebung ist ein gewaltiges Schrifttum angewachsen. Dessen modernste Zusammenstellung und kritische Würdigung nebst einer geordneten Darstellung aller zum Problem der Zwölftafeln gehörigen

Fragen stammt von Adolf *Berger* in Pauly-Wissowa, Real-
enzyklopädie der klassischen Altertumswissenschaft, Bd.
IV A. 2 Sp 1900 ff., Stuttgart 1932.

Das Ansehen, welches die Zwölftafelgesetzgebung genoß,
war zu allen Zeiten der römischen Geschichte ein überra-
gendes. Schon für ihre Entstehungszeit eine großartige
Leistung, wurden die Zwölftafeln immer mehr im Lauf
der römischen Geschichte als das eigentliche Grundgesetz
gefeiert, auf dem alles private und öffentliche Recht des
Staates beruhte. Noch zu Ciceros Jugendzeit lernte man in
den Schulen den Gesetzestext und der Einfluß der alten
Gesetzgebung blieb bis zum Ende des römischen Staats-
wesens lebendig, ja er wirkte darüber hinaus in der öst-
lichen Reichshälfte über ein Jahrtausend nach ihrer Ent-
stehung und über das oströmische Reich hinweg in alle
jene Länder, welche römisches Recht annahmen. Hier lebte
er weiter in den übernommenen Werken der Juristen des
Corpus Iuris, die an verschiedenen Stellen ihrer aufgenom-
menen Schriften des Zwölftafelrechts gedenken. Zwar galt
von dessen Bestimmungen in den letzten Jahrhunderten
des römischen Reichs kaum mehr eine im ursprünglichen
Sinn, aber der konservative Sinn der Römer hat nichts von
diesem alten Recht je preisgegeben, vielmehr sich bemüht,
das im Weg der Interpretation aus den Zwölftafeln seit
alter Zeit weiter entwickelte und selbst umgebildete Recht
immer wieder mit den Vorschriften des altehrwürdigen
Dokumentes nationalrömischer Gesetzgebung in lebendiger
innerer Verbindung zu erhalten.

ALLGEMEINES
ENTSTEHUNGSGESCHICHTE

Pomponius, libro singulari enchiridii (D. 1, 2, 2, 3–4):

Exactis deinde regibus ... coepit populus Romanus incerto magis iure et consuetudine aliqua uti quam per latam legem... Postea ne diutius hoc fieret, placuit publica auctoritate decem constitui viros, per quos peterentur leges a Graecis civitatibus et civitas fundaretur legibus: quas in tabulas eboreas perscriptas pro rostris composuerunt, ut possint leges apertius percipi: datumque est eis ius eo anno in civitate summum, uti leges et corrigerent, si opus esset, et interpretarentur neque provocatio ab eis sicut a reliquis magistratibus fieret. qui ipsi animadverterunt aliquid deesse istis primis legibus ideoque sequenti anno alias duas ad easdem tabulas adiecerunt: et ita ex accedenti appellatae sunt leges duodecim tabularum.

Livius 3, 31, 8:

Cum de legibus conveniret, de latore tantum discreparet, missi legati Athenas Sp. Postumius Albus, A. Manlius, P. Sulpicius Camerinus iussique inclitas leges Solonis describere et aliarum Graeciae civitatium instituta mores iuraque noscere.

Als dann die Könige vertrieben waren, ... begann das römische Volk wieder mehr in einem unsicheren Rechtszustand und nach Gewohnheitsrecht zu leben als nach geschriebenem Gesetz ... Sodann aber wurden, damit dieser Zustand nicht allzulang dauere, Zehnmänner mit öffentlicher Vollmacht bestellt, welche die griechischen Staaten um Rechtserteilung angehen und das Staatswesen auf Gesetze gründen sollten. Diese Gesetze schrieben sie auf Elfenbeintafeln und stellten sie vor der Rednerbühne auf, damit man sich den Gesetzesinhalt leichter zugänglich aneignen konnte. Diesen zehn Männern wurde auch in diesem Jahr das Recht verliehen, das höchste in diesem Staat, daß sie wenn nötig die Gesetze verbessern und auslegen dürften und daß gegen ihre Amtsführung keine Volksanrufung statthaft sei, wie sie bei den übrigen Beamten zulässig war. Als nun die Zehnmänner selbst bemerkten, daß jenen ersten Gesetzestafeln manches fehlte, fügten sie im folgenden Jahr noch zwei weitere hinzu, und so nannte man das ganze Werk nach der Ergänzung das Zwölftafelgesetz.

Als man über die (beabsichtigte) Gesetzgebung übereinstimmte, über die Antragstellung aber noch in Meinungsverschiedenheiten war, schickte man Gesandte nach Athen, und zwar Sp. Postumius Albus, A. Manlius, P. Sulpicius Camerinus mit der Weisung, die berühmten Gesetzes Solons aufzuzeichnen und die politischen Einrichtungen anderer griechischer Staaten, ihre Sitten und ihr Recht kennenzulernen.

Livius 3, 32, 6:
Iam redierant legati cum Atticis legibus. et intentius instabant tribuni, ut tandem scribendarum legum initium fieret.

Livius 3, 34, 1, 2:
Tum legibus condendis opera dabatur; ingentique hominum exspectatione propositis X tabulis populum ad contionem advocaverunt et, quod bonum faustum felixque reipublicae ipsis liberisque eorum esset, ire et legere propositas iussere.

Livius 3, 34, 6–7:
Cum ad rumores hominum de unoquoque legum capite editos satis correctae viderentur, centuriatis comitiis X tabularum leges perlatae sunt, quae nunc quoque in hoc immenso aliarum super alias acervatarum legum cumulo fons omnis publici privatique est iuris. Vulgatur deinde rumor, duas deesse tabulas, quibus adiectis absolvi posse velut corpus omnis Romani iuris. ea exspectatio ... desiderium Xviros iterum creandi fecit.

Livius 3, 37, 4:
Jam et processerat pars maior anni et duae tabulae legum ad prioris anni X tabulas erant adiectae.

Livius 3, 57, 10:
(Consules) leges decemvirales, quibus tabulis duodecim est nomen, in aes incisas in publico proposuerunt.

Eben waren die Gesandten mit den attischen Gesetzen zurückgekehrt. Da drängten die Tribunen immer mehr, daß endlich ein Anfang mit der Niederschrift der Gesetze gemacht werde.

Dann gab man sich Mühe, die Gesetze abzufassen und nachdem sie unter gewaltiger Erwartung der Menge die zehn Tafeln aufgestellt hatten, riefen sie (die Zehnmänner) das Volk zur Volksversammlung und ließen alle kommen und die aufgestellten Gesetze lesen, den Inhalt dessen, was gut und segensreich und günstig für den Staat, sie selbst und ihre Kinder sein sollte.

Als die Gesetze auf Zurufe der Menge hin, die zu jedem Abschnitt des Gesetzes erfolgten, genügend gebessert erschienen, wurden die Gesetze der zehn Tafeln in den Zenturiatkomitien zur Annahme gebracht, ein Gesetzgebungswerk, das auch heute noch bei dieser ungeheuren Masse von Gesetzen, wo die einen über die anderen gehäuft sind, die Quelle des gesamten öffentlichen und privaten Rechts ist. Da verbreitet sich die öffentliche Meinung, daß noch zwei weitere Tafeln nötig seien, durch deren Beifügung gewissermaßen die Sammlung des gesamten römischen Rechts vollendet werden könne. Diese Erwartung brachte den Wunsch, wiederum Zehnmänner zu wählen.

Schon war der größere Teil des Jahres abgelaufen und zwei Gesetzestafeln waren zu den zehn Tafeln des vergangenen Jahres hinzugefügt.

Die Konsuln ließen ... die Gesetze der Zehnmänner, die man die Zwölftafeln nennt, in Erz graben und stellten sie öffentlich auf.

Tacitus, ann. 3, 26, 27:
maximeque fama celebravit (leges) Cretensium, quas
Minos, Spartanorum, quas Lycurgus, ac mox Atheniensibus quaesitiores iam et plures Solo perscripsit.
Nobis Romulus, ut libitum, imperitaverat; dein
Numa religionibus et divino iure populum devinxit,
repertaque quaedam a Tullo et Anco. Sed praeci-
puus Servius Tullius sanctor legum fuit, quis etiam
reges obtemperarent. Pulso Tarquinio adversum pa-
trum factiones multa populus paravit tuendae liber-
tatis et firmandae concordiae, creatique decemviri
et accitis, quae usquam egregia, compositae duodecim tabulae, finis aequi iuris.

Diodor 12, 26, 1:
Καὶ τελεσθείσης τῆς ... νομοθεσίας ταύτην εἰς δώ-
δεκα χαλκοῦς πίνακας χαράξαντες οἱ ὕπατοι προσ-
ήλωσαν τοῖς πρὸ τοῦ βουλευτηρίου τότε κειμένοις
ἐμβόλοις. ἡ δὲ γραφεῖσα νομοθεσία, βραχέως καὶ
ἀπερίττως συγκειμένη, διέμεινε θαυμαζομένη μέχρι
τῶν καθ' ἡμᾶς καιρῶν.

Dionysius ant. Rom. 10, 57:
οἱ δέκα ἄνδρες συγγράψαντες νόμους ἔκ τε τῶν
Ἑλληνικῶν νόμων καὶ τῶν παρὰ σφίσιν αὐτοῖς ἀγρά-
φων ἐθισμῶν προΰθηκαν ἐν δέκα δέλτοις.

Cicero, in Verrem 5, 72, 187:
legum ... sacra populus Romanus a Graecis adscita
et accepta tanta religione et publica et privata
tuetur.

Vorzüglich hat der Ruf verherrlicht die Gesetze der Kreter, welche Minos, die der Spartaner, welche Lykurg, und dann die, welche später mit mehr Berechnung schon und in größerer Zahl Solon für die Athener abgefaßt hat. Über uns hatte Romulus nach Willkür geherrscht; dann band Numa das Volk durch Religionsgebräuche und göttliches Recht. Auch von Tullus und Ancus war manches aufgebracht. Hauptsächlich aber war Servius Tullius Verfasser von Gesetzen, welchen auch die Könige Folge leisten sollten. Nach Vertreibung des Tarquinius tat das Volk viel gegen die Parteiungen der Patrizier zum Schutz der Freiheit und zur Stärkung der Eintracht. Man wählte Dezemvirn, holte alles Vorzügliche, das sich irgendwo fand, herbei und faßte die Zwölftafeln ab, das Ende des gleichen Rechts.

Nachdem die Gesetzgebung vollendet war, ließen sie die Konsuln auf zwölf ehernen Tafeln eingraben und an die damals vor der Kurie aufgestellten Schiffsschnäbel (rostra) anheften. Die Gesetzesurkunde war kurz und einfach abgefaßt und blieb bis auf unsere Zeiten in hohem Ansehen.

Die Zehnmänner verfaßten die Gesetze unter Zugrundlegung griechischer Gesetze und ungeschriebenen Gewohnheitsrechts, das bei ihnen selbst galt, und stellten sie in zehn Tafeln auf.

Die Heiligkeit der Gesetze, die das römische Volk von den Griechen gelernt und übernommen hat, bewahrt es mit solcher öffentlicher und privater Ehrfurcht.

Florus, epit. 1, 24, 1:
Allatas a Graecia leges decem principes lecti iubente
populo conscripserant, ordinataque erat in duodecim tabulis tota iustitia.

Plinius minor, epist. 8, 24, 4:
Habe ante oculos hanc esse terram (sc. Graeciam),
quae nobis miserit iura, quae leges non victis, sed
petentibus dederit.

Servius in Vergil. Aen. 7, 695:
Iustos dicit Faliscos, quia populus Romanus missis
Xviris ab ipsis iura fetialia collegit et nonnulla
supplementa XII tabularum accepit, quas habuerat
ab Atheniensibus.

Augustinus, civ. Dei 2, 16:
...ab Atheniensibus mutuarentur leges Solonis, quas
tamen non ut fuerunt acceperunt, sed meliores et
emendatiores facere conati sunt.

Pomponius, libro singulari enchiridii (D. 1, 2, 2, 4):
Quarum ferendarum (legum) auctorem fuisse de-
cemviris Hermodorum quendam Ephesium exulan-
tem in Italia quidam rettulerunt.

Plinius, n. h. 34, 21:
Fuit et Hermodori Ephesii statua in comitio, legum
quas decemviri scribebant interpretis, publice dicata.

Die aus Griechenland gebrachten Gesetze hatten die er-
wählten Dezemvirn auf Geheiß des Volkes zusammen-
schreiben lassen und das gesamte Rechtswesen war in den
Zwölftafeln geordnet zusammengestellt.

Habe vor Augen, daß Griechenland es ist, das uns das
Recht schickte, das nicht etwa nach einem Siege, sondern
auf unser Bitten hin uns die Gesetze lieferte.

(Vergil nennt) die Falisker (Bewohner des Gebietes von
Falerii in Etrurien) dem Recht dienende Menschen, weil
das römische Volk auf eine Gesandtschaft der Dezemvirn
hin von ihnen selbst das Fetialrecht aufgezeichnet bekam
und damit mancherlei Ergänzungen für die Zwölftafeln,
die es von den Athenern übernommen hatte, erhielt.

... damit (die Römer) die Solonischen Gesetze von den
Athenern entliehen, die sie aber nicht ohne weiteres über-
nahmen, sondern sie besser anzupassen und vervollkomm-
neter auszugestalten sich Mühe gaben.

Den Dezemvirn war nach Bericht einiger für die Gesetzgebung ein gewisser Hermodorus aus Ephesus, der als Ver-
bannter in Italien lebte, Berater.

Die Bildsäule des Hermodorus aus Ephesus stand, öffentlich geweiht auf dem Komitium, jenes Mannes, der die Gesetze, welche die Dezemvirn aufschreiben ließen, verdol-
metschte.

Strabon XIV 1, 25 p. 642:

Ἄνδρες δ' ἀξιόλογοι γεγόνασιν ἐν αὐτῇ, τῶν μὲν παλαιῶν Ἡράκλειτός τε ὁ σκοτεινὸς καλούμενος καὶ Ἑρμόδωρος, περὶ οὗ ὁ αὐτὸς οὗτός φησιν· «ἄξιον Ἐφεσίοις ἡβηδὸν ἀπάγξασθαι, οἵτινες Ἑρμόδωρον ἄνδρα ἑαυτῶν ὀνήιστον ἐξέβαλον, φάντες ἡμέων μηδὲ εἷς ὀνήιστος ἔστω, εἰ δὲ μή, ἄλλῃ τε καὶ μετ' ἄλλων». δοκεῖ δ' οὗτος ὁ ἀνὴρ νόμους τινὰς Ῥωμαίοις συγγράψαι.

Cicero, de legibus 2, 23, 59:
Discebamus enim pueri XII ut carmen necessarium quas iam nemo discit.

Cicero, de legibus 2, 4, 9:
A parvis enim, Quinte, didicimus «SI IN IUS VO-CAT» atque eiusmodi leges alias nominare.

In dieser Stadt (Ephesus) wurden berühmte Männer geboren; unter den älteren Heraklit, der dunkle genannt, und Hermodorus, von welchem eben jener Heraklit sagt: die Epheser verdienen Mann für Mann gehängt zu werden, weil sie den Hermodorus, den vortrefflichsten unter ihnen, vertrieben, indem sie sagten: unter uns soll keiner der vortrefflichste sein, sonst mag er es anderswo sein und unter anderen. Dieser Mann hat offenbar den Römern einige Gesetze abgefaßt.

... denn wir lernten als Knaben noch die Zwölftafeln auswendig, als eine unentbehrliche Gesetzesformel; zur Zeit freilich lernt sie keiner mehr.

Von Kindheit an, Quintus, lernten wir das „Wenn er vor Gericht ruft" und derartige andere Gesetze aufzusagen.

DIE
ZWÖLF TAFELN

TABULA I

1. SI IN IUS VOCAT, ITO. NI IT, ANTESTA-
MINO: IGITUR EM CAPITO.

2. SI CALVITUR PEDEMVE STRUIT, MANUM
ENDO IACITO. 3. SI MORBUS AEVITASVE
VITIUM ESCIT, IUMENTUM DATO. SI NO-
LET, ARCERAM NE STERNITO.

4. ASSIDUO VINDEX ASSIDUUS ESTO. PRO-
LETARIO IAM CIVI QUIS VOLET VINDEX
ESTO.

5. NEX ... FORTI SANATI ...

6. REM UBI PACUNT, ORATO. 7. NI PA-
CUNT, IN COMITIO AUT IN FORO ANTE
MERIDIEM CAUSSAM COICIUNTO. COM
PERORANTO AMBO PRAESENTES. 8. POST
MERIDIEM PRAESENTI LITEM ADDICITO.
9. SI AMBO PRAESENTES, SOLIS OCCASUS
SUPREMA TEMPESTAS ESTO.

10. Gellius 16, 10, 8:
... cum proletarii et adsidui et sanates et VADES

TAFEL 1

1. Wenn (der Kläger den Beklagten) vor Gericht ruft, muß (Beklagter dorthin) gehen. Geht er nicht, müssen sie Zeugen herbeirufen. Sodann soll (der Kläger) ihn ergreifen.

2. Wenn (Beklagter) Ausflüchte macht oder fliehen will, soll (der Kläger) ihn festnehmen. 3. Ist Krankheit oder hohes Alter Schuld an der Weigerung, soll der Kläger dem Beklagten einen einfachen Wagen stellen. Lehnt dies Beklagter ab, so braucht (der Kläger) einen gedeckten Wagen nicht zurechtmachen.

4. Einem Ansässigen sei auch ein Ansässiger Bürge. Einem Bürger der untersten Klasse soll Bürge sein, wer es sein will.

5. ... Verpflichtung ... dem Vornehmen ebenso den Klienten.

6. Wenn sie (die Parteien) eine Sache gütlich beilegen, soll er (der Prätor) dazu sprechen. 7. Kommt es nicht zur Beilegung, sollen sie (die Parteien) im Comitium oder auf dem Forum die Sache am Vormittag verhandeln. Beide Teile sollen zusammen persönlich anwesend (ihre Sache) vortragen. 8. Nach dem Mittag soll (der Prätor) den Streitgegenstand dem zusprechen, der anwesend ist. 9. Sind beide Teile anwesend, soll der Sonnenuntergang der letzte Zeitpunkt (für die Streitverhandlung) sein.

10. ... Da es nicht mehr die (alte) Unterscheidung zwischen Bürgern der Unterklasse und Ansässigen jetzt gibt

et SUBVADES et XXV asses et taliones ... eva-
nuerint, omnisque illa XII tabularum antiquitas ...
lege Aebutia lata consopita sit ...

TABULA II

1. a. Gaius 4, 14:

De rebus M aeris plurisve D assibus, de minoris vero
L assibus sacramento contendebatur; nam ita lege
XII tabularum cautum erat. At si de libertate homi-
nis controversia erat, etiamsi pretiosissimus homo
esset, tamen ut L assibus sacramento contenderetur,
eadem lege cautum est ...

1. b. Gaius 4, 17 a:

Per iudicis postulationem agebatur, si qua de re ut
ita ageretur lex iussisset, sicuti lex XII tabularum
de eo quod ex stipulatione petitur. eaque res talis
fere erat. qui agebat, sic dicebat: «EX SPON-
SIONE TE MIHI X MILIA SESTERTIORUM
DARE OPORTERE AIO. ID POSTULO AIAS
AN NEGES». Adversarius dicebat non oportere.
Actor dicebat: «QUANDO TU NEGAS, TE
PRAETOR IUDICEM SIVE ARBITRUM PO-
STULO UTI DES.» Itaque in eo genere actionis
sine poena quisque negabat. Item de hereditate divi-
denda inter coheredes eadem lex per iudicis postulationem agi iussit ...

oder jene der Klienten, der Prozeßbürgen und Unterbürgen, der 25 As und der Gleichvergeltung (Talion) und jener ganze Altertumskram der XII Tafeln seit Geltung der lex Aebutia eingeschlafen ist, ...

TAFEL 2

1. a. Hinsichtlich Streitigkeiten über 1000 As oder mehr wurde mit einer Wettsumme von 500 As gestritten, hinsichtlich solcher unter 1000 As aber mit einer solchen von 50 As: so war es nämlich im Zwölftafelgesetz bestimmt. Handelte es sich jedoch um einen Rechtsstreit um die Freiheit eines Sklaven, so war im gleichen Gesetz angeordnet, daß mit einer Wettsumme von 50 As prozessiert werde, selbst wenn der Wert des Sklaven noch so hoch war.

1. b. Mit der Klage unter Anforderung eines Richters wurde geklagt, wenn ein Gesetz anordnete, daß derart geklagt werden solle, wie im Zwölftafelgesetz bezüglich dessen, was auf Grund eines Versprechens der Stipulation gefordert wird. Derartiges ging etwa wie folgt vor sich: der Kläger sagte die Formel: „Ich behaupte, daß du mir auf Grund feierlichen Versprechens 10.000 Sesterzen zu geben hast; ich wünsche, daß du dich dazu äußerst, ob du es zugibst oder in Abrede stellst." Der Gegner behauptete, er schulde nichts. Darauf sagte der Kläger: „Da du es in Abrede stellst, bitte ich dich, Prätor, gewähre mir einen Richter oder einen Schiedsrichter!" Daher konnte jedermann bei dieser Klage ohne Nachteil (das Klagevorbringen) in Abrede stellen. Ebenfalls hinsichtlich der Teilung der Erbschaft unter den Miterben befahl dasselbe Gesetz, daß mittels der Klage der Bitte um einen Richter geklagt werde. ...

2. ...MORBUS SONTICUS ... AUT STATUS DIES CUM HOSTE... QUID HORUM FUIT UNUM IUDICI ARBITROVE REOVE, EO DIES DIFFISSUS ESTO.

3. CUI TESTIMONIUM DEFUERIT, IS TERTIIS DIEBUS OB PORTUM OBVAGULATUM ITO.

TABULA III

1. AERIS CONFESSI REBUSQUE IURE IUDICATIS XXX DIES IUSTI SUNTO.

2. POST DEINDE MANUS INIECTIO ESTO. IN IUS DUCITO. 3. NI IUDICATUM FACIT AUT QUIS ENDO EO IN IURE VINDICIT, SECUM DUCITO, VINCITO AUT NERVO AUT COMPEDIBUS XV PONDO, NE MAIORE AUT SI VOLET MINORE VINCITO.
4. SI VOLET SUO VIVITO. NI SUO VIVIT, QUI EUM VINCTUM HABEBIT, LIBRAS FARRIS ENDO DIES DATO. SI VOLET, PLUS DATO.

5. Gellius 20, 1, 46, 47:
Erat autem ius interea paciscendi ac, nisi pacti forent, habebantur in vinculis dies sexaginta. Inter eos dies trinis nundinis continuis ad praetorem in

2. Wenn ... eine beachtliche Krankheit besteht ... oder ein mit einem Fremden festgesetzter Termin..., so soll, wenn von diesen (Hinderungsgründen) einer für einen Privatrichter, Schiedsrichter oder eine Partei besteht, infolgedessen der Termin (der richterlichen Verhandlung) verschoben werden.

3. Wem ein Zeugnis gefehlt hat, der soll einen Tag um den anderen vor dem Haus (des Zeugen) laute Schelte erheben.

TAFEL 3

1. Nach dem Recht der (gerichtlich) anerkannten Geldschuld und bei rechtskräftig entschiedenen Sachen sollen 30 Tage (Erfüllungsfrist) zu Recht bestehen.

2. Darnach soll die Ergreifung (des Schuldners) statthaft sein. Er (der Gläubiger) soll ihn vor Gericht führen. 3. Erfüllt er seine Urteilsverpflichtung nicht oder übernimmt niemand für ihn vor Gericht Bürgschaft, soll ihn der Gläubiger mit sich führen, fesseln, entweder mit einem Strick oder mit Fußfesseln im Gewicht von 15 Pfund, nicht mit stärkeren, wenn er aber will, mit leichteren. 4. Wenn (der Schuldner) will, soll er sich selbst verpflegen. Geschieht das nicht, soll ihn (der Gläubiger), der ihn gefesselt hält, täglich mit einem Pfund Speltbrei versorgen. Wenn er will, soll er mehr geben.

5. Es bestand jedoch das Recht, in der Zwischenzeit die Sache gütlich beizulegen. Kam es aber nicht dazu, wurden (die Schuldner) 60 Tage in Haft gehalten. Innerhalb dieser Tage wurden sie an drei aufeinanderfolgenden Markttagen

comitium producebantur, quantaeque pecuniae
iudicati essent, praedicabatur. Tertiis autem nundinis capite poenas dabant, aut trans Tiberim per-
egre venum ibant.

6. TERTIIS NUNDINIS PARTIS SECANTO.
SI PLUS MINUSVE SECUERUNT, SE FRAUDE
ESTO.

7. ADVERSUS HOSTEM AETERNA AUCTO-
RITAS [ESTO].

TABULA IV

1. Cicero, de leg. 3, 8, 19:
cito necatus tamquam ex XII tabulis insignis ad
deformitatem puer.

2. SI PATER FILIUM TER VENUM DUIT, FI-
LIUS A PATRE LIBER ESTO.

3. Cicero or. philipp. 2, 28, 69:
Illam suam suas res sibi habere iussit ex XII tabulis,
claves ademit, exegit.

4. Gellius 3, 16, 12:
comperi, feminam ... in undecimo mense post mariti mortem peperisse, factumque esse negotium ...
quasi marito mortuo postea concepisset, quoniam
Xviri in decem mensibus gigni hominem, non in
undecimo scripsissent.

zum Prätor ins Comitium gebracht und es wurde ausgerufen, zu welcher Geldschuldhöhe sie verurteilt waren. Am dritten Markttag wurden die Schuldner entweder getötet oder nach jenseits des Tiber ins Ausland verkauft.

6. Am dritten Markttag sollen (die Gläubiger) sich die Teile schneiden. Wenn einer zu viel oder zu wenig abgeschnitten hat, soll dies ohne Nachteil sein.

7. Gegen einen Fremden soll ewige Gültigkeit des Besitzes gelten.

TAFEL 4

1. Schnell ums Leben gebracht wie ein besonders mißgestalteter Knabe nach dem Recht der Zwölftafeln.

2. Wenn ein Vater seinen Sohn dreimal zum Verkauf gegeben hat, soll der Sohn von der väterlichen Gewalt frei sein.

3. Jener (seiner Frau) befahl er gemäß den Zwölftafeln, ihre Sachen mitzunehmen, nahm ihr die Schlüssel ab und wies sie aus dem Hause.

4. ... ich habe erfahren, daß die Frau im elften Monat nach dem Todes ihres Mannes ein Kind geboren hat und daß diese Tatsache die Rechtslage bedeutet, wie wenn sie nach dem Tode ihres Mannes erst schwanger geworden wäre: weil nämlich die Dezemvirn in ihrem Gesetz geschrieben haben, daß ein Mensch in 10 Monaten hervorgebracht werde, nicht erst im elften.

TABULA V

1. Gaius 1, 144/5:

Veteres ... voluerunt feminas, etiamsi perfectae aetatis sint, ... in tutela esse. ... exceptis virginibus Vestalibus, quas ... liberas esse voluerunt: itaque etiam lege XII tabularum cautum est.

2. Gaius 2, 47:

Mulieris, quae in agnatorum tutela erat, res mancipii usucapi non poterant, praeterquam si ab ipsa tutore [auctore] traditae essent: id[que] ita lege XII tabularum [cautum erat].

3. UTI LEGASSIT SUPER PECUNIA TUTELAVE SUAE REI, ITA IUS ESTO. 4. SI INTESTATO MORITUR, CUI SUUS HERES NEC ESCIT, ADGNATUS PROXIMUS FAMILIAM HABETO. 5. SI ADGNATUS NEC ESCIT, GENTILES FAMILIAM HABENTO.

6. Gaius 1, 155:

Quibus testamento ... tutor datus non sit, iis ex lege XII [tabularum] agnati sunt tutores.

7. a. SI FURIOSUS ESCIT, ADGNATŪM GENTILIUMQUE IN EO PECUNIAQUE EIUS POTESTAS ESTO. b. ... AST EI CUSTOS NEC ESCIT... c. Ulpianus ad Sabinum (D. 27, 10, 1 pr.): Lege XII tabularum prodigo interdicitur bonorum suorum administratio. Ulpianus fr. 12, 2: Lex

TAFEL 5

1. Die Alten wollten, daß die Frauen, auch wenn sie im reifen Alter standen, unter Vormundschaft sind. Ausgenommen sind die vestalischen Jungfrauen, die sie frei (von der Vormundschaft) haben wollten: und so ist es auch im Zwölftafelgesetz vorgesehen.

2. Bezüglich einer Frau, die in Vormundschaft ihrer Agnaten war, konnten deren res mancipi nicht von anderen ersessen werden, abgesehen von dem Fall, daß sie von ihr selbst unter Mitwirkung ihres Vormundes übergeben waren: und dies war so im Zwölftafelgesetz bestimmt.

3. Wie jemand hinsichtlich seines Geldes und der Vormundschaft über seine Sache letztwillig bestimmt hat, so soll es rechtens sein. 4. Stirbt jemand, der keinen Abkömmling hat, ohne (gültiges) Testament, so soll der nächste Agnat sein Familiengut erben. 5. Ist ein solcher Agnat nicht vorhanden, sollen die Gentilen die Erbschaft haben.

6. Für diejenigen, welchen im Testament ein Vormund nicht bestellt sein sollte, sind Vormünder die Agnaten gemäß dem Zwölftafelgesetz.

7. a. Wenn jemand geisteskrank ist, sollen die Agnaten und Gentilen über ihn und sein Vermögen das Bestimmungsrecht haben. b. ... aber für ihn eine Aufsichtsperson nicht besteht ... c. Nach dem Zwölftafelgesetz wird einem Verschwender die Verwaltung seines Vermögens untersagt ... Das Zwölftafelgesetz läßt einen Verschwender,

XII tabularum ... prodigum, cui bonis interdictum est, in curatione iubet esse agnatorum.

8. Ulpianus, fr. 29, 1:
Civis Romani liberti hereditatem lex XII tabularum patrono defert, si intestato sine suo herede libertus decesserit. Ulpianus D. 50, 16, 195, 1: Cum de patrono et liberto loquitur lex, EX EA FAMILIA, inquit, IN EAM FAMILIAM.

9. Gordianus, C. 3, 36, 6:
Ea, quae in nominibus sunt, ... ipso iure in portiones hereditarias ex lege XII tabularum divisa sunt. Diocletianus C. 2, 3, 26: ex lege XII tabularum aes alienum hereditarium pro portionibus quaesitis singulis ipso iure divisum.

10. Gaius, D. 10, 2, 1 pr.:
Haec actio (familiae herciscundae) proficiscitur e lege XII tabularum.

TABULA VI

1. CUM NEXUM FACIET MANCIPIUMQUE, UTI LINGUA NUNCUPASSIT, ITA IUS ESTO.

2. Cicero, de off. 3, 16, 65:
cum ex XII tabulis satis esset ea praestari, quae essent lingua nuncupata, quae qui infitiatus esset, dupli poenam subiret, a iuris consultis etiam reticentiae poena est constituta.

dem die Verwaltung seines Vermögens untersagt ist, unter Aufsicht der Agnaten stehen.

8. Die Erbschaft eines Freigelassenen, der römischer Bürger ist, gibt das Zwölftafelgesetz dem Patron, wenn der Freigelassene ohne (gültiges) Testament und ohne einen eigenen Erben (Abkömmling) verstorben ist.
Wenn das Gesetz vom Patron und dem Freigelassenen spricht, sagt es „von dieser Familie" „in diese Familie".

9. Diejenigen Rechte, welche in Forderungen bestehen, sind nach dem Zwölftafelrecht ohne weiteres in die entsprechenden Erbschaftsteile geteilt.
Erbschaftsschulden sind nach Zwölftafelrecht je nach den bestimmten Erbteilen kraft Gesetzes geteilt.

10. Diese Klage (die Miterbenauseinandersetzungsklage) ist zurückzuführen auf das Zwölftafelgesetz.

TAFEL 6

1. Wenn jemand eine Darlehensverpflichtung und ein Kaufgeschäft vornimmt, so soll das rechtens sein, was er mündlich bedungen hat.

2. Da es nach den Zwölftafeln Recht ist, das zu leisten, was mündlich zugesichert wurde, und jemand, der die Zusicherung geleugnet hat, zur Strafe des doppelten Ersatzes heranzuziehen, wurde von den Rechtsgelehrten auch die Strafe für ein bloßes Verschweigen bestimmt.

3. Cicero, top. 4, 23:
usus auctoritas fundi biennium est, ... ceterarum
rerum omnium ... annuus est usus.

4. Gaius 1, 111:
lege XII tabularum cautum est, ut si qua nollet eo
modo (usu) in manum mariti convenire, ea quotan-
nis trinoctio abesset atque eo modo (usum) cuiusque
anni interrumperet.

5. a. SI QUI IN IURE MANUM CONSERUNT
... b. Paulus Vat. fr. 50: et mancipationem et in
iure cessionem lex XII tabularum confirmat.

6. Livius 3, 44, 11, 12:
Advocati (Verginiae) ... postulant, ut (Ap. Claudius) ... lege ab ipso lata vindicias det secundum
libertatem.

7. TIGNUM IUNCTUM AEDIBUS VINEAVE
ET CONCAPIT NE SOLVITO.

8. Ulpianus, D. 47, 3, 1 pr.:
Lex XII tabularum neque solvere permittit tignum
furtivum aedibus vel vineis iunctum neque vindi-
care, ... sed in eum, qui convictus est iunxisse, in
duplum dat actionem.

9. ...QUANDOQUE SARPTA, DONEC DEMP-
TA ERUNT...

3. Die Wirksamkeit der Ersitzung erfordert bei einem Grundstück zwei Jahre, bei allen übrigen Sachen ein Jahr.

4. Im Zwölftafelgesetz ist vorgesehen, daß eine Frau, die nicht durch Zeitablauf in die manus ihres Mannes kommen will, jährlich drei Nächte (vom Haus ihres Mannes) abwesend sein muß und so in jedem Jahr die laufende Ersitzung (der eheherrlichen Gewalt) unterbricht.

5. a. Wenn welche vor Gericht gegenseitig Hand anlegen ...

5. b. Sowohl die Manzipation als die in iure cessio bestätigt das Zwölftafelgesetz.

6. Die Anwälte der Verginia stellen den Antrag, daß Appius Claudius gemäß dem Gesetz, das er selbst eingebracht hatte, den Zwischenzustand der Freiheit gewähre.

7. Einen (fremden) Balken, der mit einem Gebäude oder einem Weingarten fest verbunden ist und fortlaufend stützt, darf man nicht losmachen.

8. Das Zwölftafelgesetz erlaubt nicht, einen gestohlenen Balken, der in ein Gebäude oder in einen Weingarten eingefügt wurde, zu entfernen oder als Eigentum herauszuverlangen, sondern gibt eine Klage auf den doppelten Wert desselben gegen den, der des Einbaues überführt wurde.

9. ... und wenn beschnitten, bis sie weggenommen sind. ...

1. *Varro*, de l. l. 5, 22: XII tabularum interpretes ambitum parietis circuitum esse describunt. ... *Festus* P. 5: Ambitus ... dicitur circuitus aedificiorum patens ... pedes duos et semissem. ... *Maecianus*, assis distr. 46: Sestertius duos asses et semissem (valet), ... lex ... XII tabularum argumento est, in qua duo pedes et semis «sestertius pes» vocatur.

2. Gaius, D. 10, 1, 13:
Sciendum est in actione finium regundorum illud observandum esse, quod (in XII tabulis) ad exemplum quodammodo eius legis scriptum est, quam Athenis Solonem dicitur tulisse. Nam illic ita est: ἐάν τις αἱμασιὰν παρ' ἀλλοτρίῳ χωρίῳ ὀρύττῃ, τὸν ὅρον μὴ παραβαίνειν· ἐὰν τειχίον, πόδα ἀπολείπειν· ἐὰν δὲ οἴκημα, δύο πόδας, ἐὰν δὲ τάφον ἢ βόθρον ὀρύττῃ, ὅσον τὸ βάθος ᾖ, τοσοῦτον ἀπολείπειν· ἐὰν δὲ φρέαρ, ὀργυιάν. ἐλαίαν δὲ καὶ συκῆν ἐννέα πόδας ἀπὸ τοῦ ἀλλοτρίου φυτεύειν, τὰ δὲ ἄλλα δένδρα πέντε πόδας.

3. a. Plinius, n. h. 19, 4, 50:
In XII tabulis ... nusquam nominatur villa, semper in significatione ea «hortus», in horti vero «heredium».
3. b. Festus F. 355: [Tugu]ria a tecto appellantur [domicilia rusticorum] sordida, ... quo nomine [Messalla in explana]tione XII ait etiam ... [signifi]cari.

1. Die Ausleger der Zwölftafeln erklären ambitus als den Umgangsstreifen um die Hausmauer ... Ambitus nennt man den Umgangsweg um die Gebäude, der eine Breite von $2^1/_2$ Fuß hat. ... Der Sesterz ist $2^1/_2$ As wert und dafür ist Beweis das Zwölftafelgesetz, in dem $2^1/_2$ Fuß „Sesterzfuß" genannt wird.

2. Bei der Grenzregulierungsklage muß man wissen, daß man darauf zu achten hat, was im Zwölftafelgesetz gewissermaßen nach dem Vorbild jenes Gesetzes geschrieben ist, das in Athen Solon gegeben haben soll. Denn dort steht folgendes: Errichtet jemand neben einem fremden Grundstück einen Zaun, darf er ihn nicht über die Grenze rükken. Bei einer Mauer muß er einen Fuß zurückbleiben, bei einem Haus aber muß er zwei Fuß Abstand wahren. Stellt er eine Grube oder eine Vertiefung her, muß er damit so weit zurück, als die Anlage tief ist. Bei einem Brunnen aber beträgt der Abstand sechs Fuß. Ein Ölbaum oder ein Feigenbaum dürfen nur in neun Fuß Abstand von der Nachbargrenze gepflanzt werden, die übrigen Bäume in fünf Fuß Abstand.

3. a. In den Zwölftafeln findet sich niemals die Bezeichnung „Landhaus", sondern immer in dessen Bedeutung „Garten"; für „Garten" aber „Erbgut" ...
3. b. Schuppen nennt man mit Rücksicht auf tectum armselige gedeckte Bauernwohnstätten, unter welchem Namen sie, wie Messalla bei der Erklärung der Zwölftafeln sagt, auch bezeichnet werden ...

4. Cicero, de leg. 1, 21, 55:
usus capionem XII tabulae intra V pedes esse no-
luerunt.

5. a. SI IURGANT ... 5. b. Cicero, de legibus 1,
21, 55: controversia est nata de finibus, in qua ...
e XII tres arbitri fines regemus.

6. Gaius, D. 8, 3, 8:
Viae latitudo ex lege XII tabularum in porrectum
octo pedes habet, in anfractum, id est ubi flexum
est, sedecim.

7. VIAM MUNIUNTO: NI SAM DELAPIDAS-
SINT, QUA VOLET IUMENTO AGITO.

8. a. SI AQUA PLUVIA NOCET, ... 8. b. Paulus
D. 43, 8, 5: Si per publicum locum rivus aquae duc-
tus privato nocebit, erit actio privato ex lege XII
tabularum, ut noxa domino sarciatur.

9. a. Ulpianus, D. 43, 27, 1, 8: Lex XII tabularum
efficere voluit, ut XV pedes altius rami arboris
circumcidantur.

9. b. Pomponius, D. 43, 27, 2: Si arbor ex vicini
fundo vento inclinata in tuum fundum sit, ex lege
XII tabularum de adimenda ea recte agere potes.

4. Eine Ersitzung wollten die Zwölftafeln nicht innerhalb 5 Fuß.

5. a. Wenn sie in Meinungsverschiedenheit geraten ...
5. b. Ein wirklicher Streit wegen des Grenzverlaufs ist entstanden, bei dem wir drei als Schiedsrichter nach dem Recht der Zwölftafeln die Grenzen festsetzen werden.

6. Die Wegbreite ist nach dem Zwölftafelgesetz im geraden Stück 8 Fuß, bei Biegungen 16 Fuß.

7. Den Weg sollen sie festmachen: wenn man ihn nicht mit Steinen befestigt hat, soll er (der Berechtigte) das Vieh treiben, wo er will.

8. a. Wenn das Regenwasser Schaden anrichtet ...
8. b. Wenn ein Kanal, eine Wasserleitung, die über einen öffentlichen Platz geführt werden, einem Privaten Schaden zufügen, hat der Private eine Klage aus dem Zwölftafelgesetz dahin, daß dem Eigentümer der Schaden vergütet werde.

9. a. Das Zwölftafelgesetz wollte erreichen, daß Zweige eines Baumes, wenn sie sich tiefer als 15 Fuß (über dem Erdboden) befanden, beschnitten werden.

9. b. Wenn ein Baum vom Grundstück des Nachbarn her infolge Windes in deinen Grundstücksraum gedrückt wird, kannst du nach dem Zwölftafelgesetz mit Recht Klage auf Entfernung desselben anstellen.

10. Plinius, n. h. 16, 5, 15:
Cautum est ... lege XII tabularum, ut glandem in
alienum fundum procidentem liceret colligere.

11. Iustiniani Institutiones 2, 1, 41:
Venditae ... et traditae (res) non aliter emptori
adquiruntur, quam si is venditori pretium solverit
vel alio modo satisfecerit, veluti expromissore aut
pignore dato; quod cavetur ... lege XII tabularum.

12. Ulpianus, fr. 2, 4:
Sub hac condicione liber esse iussus «si decem milia
heredi dederit», etsi ab herede abalienatus sit, emptori dando pecuniam ad libertatem perveniet: idque
lex XII tabularum iubet.

TABULA VIII

1. a. QUI MALUM CARMEN INCANTASSIT...

1. b. Cicero, de rep. 4, 10, 12:
XII tabulae cum perpaucas res capite sanxissent, in
his hanc quoque sanciendam putaverunt: si quis oc-
centavisset sive carmen condidisset, quod infamiam
faceret flagitiumve alteri.

2. SI MEMBRUM RUP(S)IT, NI CUM EO PA-CIT, TALIO ESTO.

10. Im Zwölftafelgesetz ist vorgesehen, daß man Eicheln, die auf ein fremdes Grundstück gefallen sind, sammeln dürfe.

11. Verkaufte und übergebene Sachen erwirbt der Käufer erst dann zu Eigentum, wenn er dem Verkäufer den Preis bezahlt oder ihn auf andere Weise befriedigt hat, z. B. durch Schuldübernahme eines Dritten oder Hingabe eines Pfandes. Dies ist im Zwölftafelgesetz bestimmt.

12. Wenn ein Erblasser (seinen Sklaven) unter folgender Bedingung freigelassen hat: „wenn er 10000 dem Erben gegeben hat", so wird (der Sklave), wenn er auch vom Erben wieder veräußert wurde, zur Freiheit gelangen, wenn er das Geld dem Käufer (d. h. dem späteren Herrn) zahlt: und dies ordnet das Zwölftafelgesetz an.

TAFEL 8

1. a. Wer ein Schmähgedicht gesungen hat, ...

1. b. Wenn auch die Zwölftafeln auf sehr wenige Fälle Todesstrafe setzten, im folgenden glaubten sie sie anordnen zu müssen: wenn jemand öffentlich ein Spottgedicht anstimmte oder ein Schmähgedicht verfaßte, das einem anderen zur Unehre oder Schande gereichte.

2. Wenn jemand (einem anderen) ein Glied verstümmelt, soll (der Täter) das Gleiche erleiden, wenn er sich nicht (mit dem Verletzten) gütlich einigt.

3. MANU FUSTIVE SI OS FREGIT LIBERO, CCC, SI SERVO, CL POENAM SUBITO.

4. SI INIURIAM FAXSIT, VIGINTI QUIN-QUE POENAE SUNTO.

5. ... RUP(S)IT ... SARCITO.

6. Ulpianus, D. 9, 1, 1, pr.:
Si quadrupes pauperiem fecisse decitur, ... lex (XII tabularum) voluit aut dari id quod nocuit ... aut aestimationem noxiae offerri.

7. Ulpianus, D. 19, 5, 14, 3:
Si glans ex arbore tua in meum fundum cadat eam-que ego immisso pecore depascam, ... neque ex lege XII tabularum de pastu pecoris, quia non in tuo pascitur, neque de pauperie ... agi posse.

8. a. QUI FRUGES EXCANTASSIT... b. ... NEVE ALIENAM SEGETEM PELLEXERIS...

9. Plinius, n. h. 18, 3, 12:
Frugem ... aratro quaesitam noctu pavisse ac se-cuisse puberi XII tabulis capital erat, suspensumque Cereri necari iubebant, ... inpubem praetoris arbi-tratu verberari noxiamve duplionemve decerni.

3. Wer mit der Hand oder mit dem Stock einem Freien einen Knochen gebrochen hat, muß sich zugunsten des verletzten Freien einer Strafe von 300 (As), zugunsten eines verletzten Sklaven einer solchen von 150 (As) unterziehen.
4. Wenn jemand eine leichte Körperverletzung vornahm, sollen für ihn 25 (As) Buße sein.

5. ... Schaden zugefügt hat ... soll ihn wieder gut machen.

6. Wenn ein vierfüßiges Tier Schaden zugefügt haben soll, wollte das Zwölftafelgesetz, daß entweder das schädigende Tier übergeben wird oder daß (dem Geschädigten) die Schadenssumme angeboten wird.

7. Fällt eine Eichel von deinem Baum auf mein Grundstück und lasse ich sie abweiden, indem ich Vieh eintreibe, kann man weder gemäß dem Zwölftafelgesetz wegen Weiden von Vieh vorgehen, weil die Weide nicht auf deinem Grundstück stattfindet, noch wegen Tierschadens klagen.

8. a. Wer Feldfrüchte weggezaubert hat, ... 8. b. ... und du nicht eine fremde Saat (durch Zauberei) an dich herübergezogen hast, ...

9. Feldfrüchte, die man im Ackerbau erntet, während der Nacht abzuweiden oder abzuschneiden war nach den Zwölftafeln für einen Erwachsenen mit Todesstrafe belegt und man ordnete an, daß der Täter an einem der Ceres heiligen Baum aufgehängt werde. Ein minderjähriger Täter aber sollte nach Ermessen des Praetors gegeißelt werden oder gegen ihn sollte einfacher oder doppelter Wertersatz angeordnet werden.

10. Gaius, l. IV ad XII tab. (D. 47, 9, 9):
Qui aedes acervumve frumenti iuxta domum positum combusserit, vinctus verberatus igni necari
(XII tabulis) iubetur, si modo sciens prudensque id
commiserit; si vero casu, id est negligentia, aut
noxiam sarcire iubetur, aut, si minus idoneus sit,
levius castigatur.

11. Plinius, n. h. 17, 1, 7:
cautum ... est XII tabulis, ut qui iniuria cecidisset
alienas (arbores), lueret in singulas aeris XXV.

12. SI NOX FURTUM FAXSIT, SI IM OCCI-
SIT, IURE CAESUS ESTO.

13. LUCI ... SI SE TELO DEFENDIT, ... EN-
DOQUE PLORATO.

14. Gellius 11, 18, 8:
Ex ceteris ... manifestis furibus liberos verberari
addicique iusserunt (Xviri) ei, cui furtum factum
esset ...; servos ... verberibus affici et e saxo prae-
cipitari; sed pueros impuberes praetoris arbitratu
verberari voluerunt noxiamque ... sarciri.

10. Wer ein Gebäude in Brand gesetzt hat oder einen Haufen Getreide, der nahe dem Hause aufgeschichtet war, soll nach dem Zwölftafelgesetz gefesselt und gegeißelt werden und dann den Feuertod erleiden, wenn er mit Wissen und absichtlich die Tat beging. Geschah sie aber mehr zufällig, d. h. infolge Fahrlässigkeit, so wird dem Täter befohlen, entweder den Schaden wieder gutzumachen, oder, wenn er weniger leistungsfähig ist, so wird er leichter gestraft.

11. In den Zwölftafeln ist vorgesehen, daß der, wer zu Unrecht fremde Bäume abgeschnitten hat, für das einzelne Stück eine Geldbuße von 25 (As) leistet.

12. Hat jemand nachts einen Diebstahl begangen und hat man den Dieb getötet, so soll er mit Recht erschlagen sein.

13. Bei Tag..., wenn er sich mit der Waffe verteidigt..., soll (der Bestohlene) Alarmrufe erheben.

14. Von den übrigen bestimmten die Dezemvirn bei auf frischer Tat ergriffenen Dieben, daß sie, wenn sie Freie waren, gegeißelt und dem Bestohlenen als Sklaven zugesprochen wurden, wenn sie Sklaven waren, nach Geißelung vom (tarpeischen) Felsen gestürzt wurden; waren die Täter aber nicht mannbar, so bestimmten sie, daß nach Ermessen des Prätors eine Geißelung stattfinde und der Schaden wieder gutgemacht werde.

15. a. Gaius 3, 191: Concepti et oblati (furti) poena ex lege XII tabularum tripli est ... b. LANCE ET LICIO ...

16. SI ADORAT FURTO, QUOD NEC MANI-FESTUM ERIT..., [DUPLIONE DAMNUM DECIDITO].

17. Gaius 2, 45: Furtivam (rem) lex XII tabularum usucapi prohibet ...

18. a. Tacitus, ann. 6, 16: XII tabulis sanctum, ne quis unciario fenore amplius exerceret ...
18. b. Cato, de agri cult. praef.: Maiores ... in legibus posiverunt furem dupli condemnari, fene-ratorem quadrupli.

19. Paulus, coll. 10, 7, 11:
Ex causa depositi lege XII tabularum in duplum actio datur ...

20. a. Ulpianus, D. 26, 10, 1, 2: Sciendum est sus-pecti crimen e lege XII tabularum descendere.
20. b. Tryphoninus, D. 26, 7, 55, 1: Si ... tutores rem pupilli furati sunt, videamus an ea actione, quae proponitur ex lege XII tabularum adversus tutorem in duplum, singuli in solidum teneantur.

15. a. Die Strafe des furtum conceptum und des furtum oblatum war nach dem Zwölftafelgesetz der dreifache Wertersatz. 15. b. ... mit der Schüssel und mit dem Schurz ...

16. Wenn (der Bestohlene) wegen Diebstahls, bei dem der Täter nicht auf handhafter Tat ertappt wurde, klagt, ... so soll (der Beklagte) mit doppeltem Wertersatz den Schaden abtun.

17. Eine gestohlene Sache läßt das Zwölftafelgesetz nicht ersitzen.

18. a. Durch die Zwölftafeln wurde festgesetzt, daß niemand mehr als $1/_{12}$ des Kapitals an Zinsen nehmen sollte. 18. b. Unsere Vorfahren legten in den Gesetzen nieder, daß der Dieb zum doppelten Wertersatz verurteilt werde, der Wucherer zum vierfachen.

19. Bei Verwahrung wird nach dem Zwölftafelgesetz eine Klage auf doppelten Wertersatz gegeben.

20. a. Man muß wissen, daß das Belangen des verdächtigen Vormundes aus dem Zwölftafelgesetz stammt. 20. b. Haben Vormünder das Vermögen des Mündels unterschlagen, wollen wir sehen, ob sie mit der Klage, die gemäß dem Recht der Zwölftafeln gegen den Vormund auf den doppelten Wertersatz aufgestellt ist, jeder für seine Person auf das Ganze in Anspruch genommen werden können.

21. PATRONUS SI CLIENTI FRAUDEM FE-
CERIT, SACER ESTO.

22. QUI SE SIERIT TESTARIER LIBRIPENS-
VE FUERIT, NI TESTIMONIUM FATIATUR,
INPROBUS INTESTABILISQUE ESTO.

23. Gellius 20, 1, 53:
ex XII tabulis ... si nunc quoque ... qui falsum
testimonium dixisse convictus esset, e saxo Tarpeio
deiceretur ...

24. a. SI TELUM MANU FUGIT MAGIS QUAM
IECIT, aries subicitur.

24. b. Plinius, n. h. 18, 3, 12:
Frugem ... furtim ... pavisse ... XII tabulis capital erat ... gravius quam in homicidio.

25. Gaius, l. IV ad XII tab. (D. 50, 16, 236 pr.):
Qui venenum dicit, adicere debet, utrum malum an
bonum; nam et medicamenta venena sunt.

26. Latro, decl. in Cat. 19:
XII tabulis cautum esse cognoscimus, ne qui in urbe
coetus nocturnos agitaret.

27. Gaius, l. IV ad XII tab. (D. 47, 22, 4):
His (sodalibus) potestatem facit lex (XII tab.),
pactionem quam velint sibi ferre, dum ne quid ex
publica lege corrumpant; sed haec lex videtur ex
lege Solonis translata esse.

21. Wenn der Patron seinen Schutzbefohlenen betrügt, soll er verflucht sein.

22. Wer sich herbeigelassen hat als Zeuge aufgerufen zu werden oder Wägemeister war, soll, sofern er nicht Zeugnis abgibt, als nichtswürdig und zeugnisunfähig gelten.

23. Und wenn gemäß dem Zwölftafelgesetz auch jetzt noch der des falschen Zeugnisses Überführte vom tarpeischen Felsen gestürzt würde ...

24. a. Wenn eine Waffe mehr ohne Absicht des Werfenden aus der Hand gelangt, als daß er sie (bewußt) geworfen hat, wird ein Sühnebock gestellt.

24. b. Feldfrüchte heimlich abgeweidet zu haben war nach den Zwölftafeln todeswürdig bestraft, härter als bei einem Totschlag.

25. Wer von „Giftstoffen" spricht, muß beifügen, ob von schlechten oder guten; denn auch Heilmittel können Giftstoffe sein.

26. Wir wissen, in den Zwölftafeln war vorgesehen, daß niemand in der Stadt nächtliche Zusammenrottungen in Bewegung setze.

27. Diesen (den Vereinsmitgliedern) gab das Zwölftafelgesetz das Recht, sich eine beliebige Satzung zu geben, wenn sie nur nicht damit die öffentlichen Rechtsbestimmungen verletzen. Diese Bestimmung ist aber augenscheinlich aus dem Solonischen Gesetz herübergenommen.

TABULA IX

1. 2. Cicero, de leg. 3, 4, 11; 19, 44:
«Privilegia ne inroganto; de capite civis nisi per maximum comitiatum ... ne ferunto» ... Leges praeclarissimae de XII tabulis tralatae duae, quarum altera privilegia tollit, altera de capite civis rogari nisi maximo comitiatu vetat.

3. Gellius 20, 1, 7:
duram esse legem putas, quae iudicem arbitrumve iure datum, qui ob rem [iu]dic[a]ndam pecuniam accepisse convictus est, capite poenitur?

4. Pomponius, D. 1, 2, 2, 23:
Quaestores ... qui capitalibus rebus praeessent, ... appellantur quaestores parricidii, quorum etiam meminit lex XII tabularum.

5. Marcianus, D. 48, 4, 3:
Lex XII tabularum iubet eum, qui hostem concitaverit quive civem hosti tradiderit, capite puniri.

6. Salvianus, de gubern. dei 8, 5, 24:
Interfici ... indemnatum quemcunque hominem etiam XII tabularum decreta vetuerunt.

TABULA X

1. HOMINEM MORTUUM IN URBE NE SEPELITO NEVE URITO.

TAFEL 9

1. 2. „Vorrechte sollen sie nicht in Vorschlag bringen; über die bürgerliche Existenz eines Bürgers sollen sie nur durch die höchste Volksversammlung bestimmen" ... Zwei ganz ausgezeichnete Gesetze, die aus den Zwölftafeln übernommen sind, von welchen eines die Vorrechte aufhebt, das andere verbietet, daß man über die bürgerliche Existenz anders als in der höchsten Volksversammlung Bestimmungen trifft.

3. Hältst du das Gesetz für hart, das einen Richter oder Schiedsrichter, der rechtmäßig gegeben wurde, mit Todesstrafe bedroht, wenn er überführt ist, in der ihm zur Beurteilung übertragenen Sache Geld genommen zu haben?

4. Die Quästoren, welche die Kapitalsachen zu leiten hatten, nennt man Mordquästoren, deren auch das Zwölftafelgesetz gedenkt.

5. Das Zwölftafelgesetz läßt den, der den Feind aufreizt oder einen Bürger dem Feind ausliefert, mit dem Tode bestrafen.

6. Auch die Bestimmungen der Zwölftafeln verboten, irgend jemand ohne Urteilsspruch zu töten.

TAFEL 10

1. Einen Toten darf man innerhalb der Stadt weder begraben noch in ein Brandgrab bringen.

2. ... HOC PLUS NE FACITO: ROGUM ASCEA
NE POLITO.

3. Cicero, de leg. 2, 23, 59:
Extenuato igitur sumptu tribus reciniis et tunicula
purpurae et decem tibicinibus tollit etiam lamen-
tationem.

4. MULIERES GENAS NE RADUNTO NEVE
LESSUM FUNERIS ERGO HABENTO.

5. a. HOMINE MORTUO NE OSSA LEGITO,
QUO POST FUNUS FACIAT.

5. b. Cicero, de leg. 2, 24, 60: Excipit bellicam pere-
grinamque mortem.

6. a. Cicero (l. c.) Haec praeterea sunt in legibus ...:
«servilis unctura tollitur omnisque circumpotatio»
... «Ne sumptuosa respersio, ne longae coronae, ne
acerrae».

6. b. Festus F. 158: Murrata potione usos antiquos
indicio est, quod ... XII tabulis cavetur, ne mortuo
indatur.

7. QUI CORONAM PARIT IPSE PECUNIAVE
EIUS HONORIS VIRTUTISVE ERGO DUI-
TUR EI ...

2. ... Mehr als das darf er nicht tun: das Scheiterhaufen-
holz darf er nicht mit der Axt glätten.

3. Bei eingeschränktem Aufwand also, nämlich 3 Kopf-
tüchern, einem kleinen Unterkleid aus Purpurwolle und
10 Flötenspielern beseitigt (das Gesetz) auch die Leichen-
klage.

4. Die Frauen sollen die Wangen nicht zerkratzen und
beim Leichenbegängnis keine Totenklage anstimmen.

5. a. Von einem Toten soll man nicht die Gebeine sammeln
und darnach noch eine besondere Leichenfeier veranstalten.

5. b. Ausgenommen ist Tod im Krieg oder in der Fremde.

6. a. Auch noch folgendes steht in den Gesetzen: „das von
Sklaven ausgeführte Salben (der Toten) und jede Art von
Trinkgelagen beim Leichenmahl wird aufgehoben" ...
„Kein kostspieliges Besprengen (des Grabes), keine langen
Kranzgewinde, keine Weihrauchkästchen".

6. b. Dafür, daß sich die Alten der Myrrhenessenz bedien-
ten, ist Anzeichen, daß deren Beigabe an einen Toten in
den Zwölftafeln verboten ist.

7. Wer einen Kranz selbst oder innerhalb seiner Haus-
gemeinschaft ehrenhalber oder durch besondere Tüchtig-
keit erlangt, dem darf er beigegeben werden ...

8. ... NEVE AURUM ADDITO. AT CUI AURO
DENTES IUNCTI ESCUNT. AST IM CUM
ILLO SEPELIET URETVE, SE FRAUDE ESTO.

9. Cicero, de leg. 2, 24, 61:
rogum bustumve novum vetat propius LX pedes
adigi aedes alienas invito domino.

10. Cicero, de leg. 2, 24, 61:
forum ... bustumve usucapi vetat.

TABULA XI

1. Cicero, de rep. 2, 36, 61–37, 63:
(Decemviri) cum X tabulas summa legum aequitate
prudentiaque conscripsissent, in annum posterum
Xviros alios subrogaverunt, ... qui duabus tabulis
iniquarum legum additis ... conubia ... ut ne plebi
cum patribus essent, inhumanissima lege sanxerunt.

2. Macrobius, sat. 1, 13, 21:
Tuditanus refert, ... Xviros, qui decem tabulis duas
addiderunt, de intercalando populum rogasse. Cassius eosdem scribit auctores.

3. Cicero ad Att. 6, 1, 8:
E quibus (libris de rep.) unum ἱστορικὸν requiris de
Cn. Flavio Anni f. Ille vero ante Xviros non fuit ...

8. ... und er soll kein Gold beigeben, auch wenn jemandem Zähne mit Gold befestigt sind. Läßt man ihn aber (im letzteren Fall) mit diesem (Gold) begraben oder verbrennen, soll dies ohne Nachteil sein.

9. (Das Gesetz) verbietet, daß man mit einem Scheiterhaufen oder einem neuen Brandgrabhügel näher als 60 Fuß an ein fremdes Haus ohne Einwilligung von dessen Eigentümer heranrückt.

10. (Das Gesetz) verbietet die Ersitzung eines Grabvorhofes oder einer Grabstätte.

TAFEL 11

1. Als die Dezemvirn die zehn Gesetzestafeln unter größter Billigkeit und Weisheit der Gesetze niedergeschrieben hatten, ließen sie für das nächste Jahr andere Dezemvirn an ihre Stelle wählen, welche in zwei weiteren Tafeln unbillige Bestimmungen beifügten: so ordneten sie in einem ganz unmenschlichen Gesetz an, daß ein Eheschließungsrecht zwischen Plebejern und Patriziern nicht statthaft sei.

2. Tuditanus berichtet, daß die Dezemvirn, welche den zehn Tafeln noch zwei hinzufügten, über das Einschalten von Tagen einen Volksbeschluß beantragten. Cassius schreibt ebenfalls, daß jene die Urheber dieser Bestimmungen waren.

3. Unter diesen (Büchern über den Staat) erkundigst du dich auch nach einem historischen über den Cn. Flavius, den Sohn des Annius. Dieser lebte in der Tat aber nicht vor

Quid ergo profecit, quod protulit fastos? Occulta-
tam putant quodam tempore istam tabulam, ut dies
agendi peterentur a paucis.

TABULA XII

1. Gaius 4. 28:
Lege autem introducta est pignoris capio, veluti lege
XII tabularum adversus eum, qui hostiam emisset
nec pretium redderet; item adversus eum, qui mer-
cedem non redderet pro eo iumento, quod quis ideo
locasset, ut inde pecuniam acceptam in dapem, id
est in sacrificium, impenderet.

2. a. SI SERVUS FURTUM FAXIT NOXIAMVE
NO[X]IT.

2. b. Gaius 4, 75, 76: Ex malificiis filiorum familias
servorumque ... noxales actiones proditae sunt, uti
liceret patri dominove aut litis aestimationem suf-
ferre aut noxae dedere ... Constitutae sunt ... aut
legibus aut edicto praetoris: legibus velut furti lege
XII tabularum ...

3. SI VINDICIAM FALSAM TULIT, SI VELIT
IS ... TOR ARBITROS TRIS DATO, EORUM
ARBITRIO ... FRUCTUS DUPLIONE DAM-
NUM DECIDITO.

den Dezemvirn. Was hat er also damit ausgerichtet, daß er den Gerichtskalender bekanntgab? Man glaubt, daß jene Tafel gewisse Zeit hindurch verborgen wurde, damit nur von wenigen die Gerichtstage erbeten werden konnten.

TAFEL 12

1. Durch Gesetz aber wurde die Pfandnahme eingeführt, wie (schon) durch das Zwölftafelgesetz gegen den, der ein Opfertier kaufte und den Preis nicht zahlte; ebenso gegen den, der die Miete nicht zahlte für ein Zugtier, das jemand deswegen vermietete, um das Mietgeld für einen Opferkuchen, als für Opferzwecke zu verwenden.

2. a. Wenn ein Sklave einen Diebstahl beging oder Schaden zugefügt hat, ...

2. b. Wegen unerlaubter Handlungen von Hauskindern und von Sklaven sind Noxalklagen bekanntgegeben worden, damit es dem Hausvater oder dem Eigentümer möglich war, entweder die Schadensschätzung zu gewähren oder (die Person) zwecks Gutmachung der Schuld auszuliefern. Diese Klagen sind festgelegt teils in Gesetzen, teils im prätorischen Edikt: in den Gesetzen z. B. im Diebstahlsgesetz der Zwölftafeln ...

3. Hat jemand zu Unrecht den einstweiligen Sachbesitz erhalten, soll der Prätor auf Wunsch (des Gegners) drei Schiedsrichter bestellen und nach deren Schiedsspruch hat (der Verurteilte) unter ... Verdoppelung des Fruchtertrags den Sachschaden auszugleichen.

4. Gaius, l. VI ad XII (D. 44, 6, 3):
Rem, de qua controversia est, prohibemur (lege
XII tabularum) in sacrum dedicare: alioquin dupli
poenam patimur, ... sed duplum utrum fisco an ad-
versario praestandum sit, nihil exprimitur.

5. Livius 7, 17, 12:
in XII tabulis legem esse, ut quodcumque postre-
mum populus iussisset, id ius ratumque esset.

FRAGMENTA INCERTAE SEDIS

1. Festus F. 166: Nancitor in XII nactus erit,
prenderit.

2. Festus F. 258: Quando ... in XII ... cum c lit-
tera ultima scribitur.

3. Festus F. 309: «Sub vos placo» in precibus fere
cum dicitur, significat id quod «supplico», ut in
legibus «transque dato», «endoque plorato».

4. Donatus, ad Ter. Eun. 515:
«dolo malo» ... quod ... addidit «malo» ...
ἀρχαῖσμός est, quia sic in XII tabulis a veteribus
scriptum est.

5. Cicero, de rep. 2, 31, 54:
ab omni iudicio poenaque provocari licere indicant
XII tabulae compluribus legibus.

4. Die in Streit befangene Sache dürfen wir nach dem Zwölftafelgesetz nicht für gottesdienstliche Zwecke weihen, sonst erleiden wir die Strafe des doppelten Wertersatzes. Doch findet sich nichts darüber ausgedrückt, ob dieses Doppel der Staatskasse oder dem Gegner zu leisten ist.

5. In den Zwölftafeln ist eine Vorschrift, daß, was immer das Volk letztlich gutgeheißen hat, Recht und rechtskräftig sei.

BRUCHSTÜCKE UNBESTIMMTER ZUGEHÖRIGKEIT

1. Nancitor steht in den Zwölftafeln für nactus erit, prenderit.

2. „Quando" wird in den Zwölftafeln am Schluß mit dem Beisatz eines c geschrieben.

3. Wenn man etwa bei Gebeten die Wendung „sub vos placo" gebraucht, bedeutet dies soviel wie „supplico", wie in den Gesetzen (der Zwölftafeln) „transque dato", „endoque plorato" (als alte Formen sich finden).

4. Bei der Wendung „mit schlimmer Arglist" ist der Beisatz „schlimmer" Archaismus, weil so von den Alten in den Zwölftafeln geschrieben ist.

5. Daß Provokation (an das Gesamtvolk) gestattet ist gegenüber jedem Strafbescheid (eines Beamten), verkünden die Zwölftafeln in verschiedenen gesetzlichen Bestimmungen.

6. Cicero, de off. 3, 31, 111:
Nullum ... vinculum ad adstringendam fidem
iureiurando maiores artius esse voluerunt; id indicant leges in XII tabulis.

7. Plinius, n. h. 7, 60, 212:
XII tabulis ortus ... et occasus nominantur.

8. Gaius 1, 122:
Olim aereis tantum nummis utebantur, et erant
asses, dupondii, semisses, quadrantes, nec ullus au-
reus vel argenteus nummus in usu erat, sicuti ex lege
XII tabularum intellegere possumus.

9. Gaius, l. V. ad XII (D. 50, 16, 237):
Duobus negativis verbis quasi permittit lex (XII
tabularum) magis quam prohibuit: idque etiam Servius (Sulpicius) animadvertit.

10. Gaius, l. VI ad XII (D. 50, 16, 238, 1):
«Detestatum» est testatione denuntiatum.

11. Sidonius Apollinaris, ep. 8, 6, 7:
Per ipsum fere tempus, ut decemviraliter loquar, lex
de praescriptione tricennii fuerat «proquiritata».

6. Kein Band erachteten (unsere) Vorfahren zur Festigung der Vertragstreue enger als den Eid; dies offenbaren gesetzliche Bestimmungen der Zwölftafeln.

7. In den Zwölftafeln werden Sonnenaufgang und Sonnenuntergang genannt.

8. In alter Zeit benutzte man nur Kupfermünzen und zwar Asstücke, 2-Asstücke, $^1/_2$-Asstücke, $^1/_4$-Asstücke; Gold- oder Silbermünzen waren nicht in Gebrauch, wie wir aus dem Zwölftafelgesetz ersehen können.

9. Mit zwei Verneinungen erlaubt das (Zwölftafel)gesetz eher mehr als es verbietet: darauf weist auch Servius Sulpicius hin.

10. „Vor Zeugen angekündigt" bedeutet im Beisein von Zeugen kundgemacht.

11. Ungefähr die ganze Zeit über war, um in der Sprache der Dezemvirn zu reden, das Gesetz über die dreißigjährige Verjährung „dem Volk öffentlich bekanntgemacht worden".

I, 1: Cicero de leg. 2, 4, 9; Gellius 20, 1, 25; Porphyrio ad
Hor. sat. 1, 9, 76 2: Festus 210, 310 3: Gellius 20, 1, 25
4: Gellius 16, 10, 5 5: Festus 348, 6, 7: auct ad Her. 2, 13,
20; Gellius 17, 2, 10 8, 9: Gellius 17, 2, 10; Varro l. L.
7, 51; Festus 305

II, 2: Festus 290; 273; Cicero de off. 1, 12, 37 3: Festus 233

III, 1–4: Gellius 15, 13, 11; 20, 1, 42–45 6: Gellius 20,
1, 48–52 7: Cicero de off. 1, 12, 37

IV, 2: Ulp. fragm. 10, 1

V, 3: Ulp. fragm. 11, 14 4: Ulp. fragm. 26, 1 5: Coll. leg.
Mos. et Rom. 16, 4, 2 7a: auct. ad Her. 1, 13, 23 7b: Festus 162

VI, 1: Festus 173 5a: Gellius 20, 10, 7 7: Festus 364
9: Festus 348

VII, 5a: Nonius Marcellus 430 ad Cic. de rep. 4 7: Festus 371 8a: Pomponius D. 40, 7, 21 pr.

VIII, 1a: Plinius n. h. 28, 2, 10–17 2: Festus 363; Gellius
20, 1, 14 3, 4: Coll. leg. Mos. et Rom. 2, 5, 5; Gellius
20, 1, 12 5: Festus 265, 322 8a: Plinius n. h. 28, 2, 10–17
8b: Servius in Verg. ecl. 8, 99 12: Macrob. sat. 1, 4, 19
13: Cicero pro Tull. 20, 47; 21, 50 15b: Festus 117 16: Festus 162 21: Servius ad Aen. 6, 609 22: Gellius 15, 13, 11

X, 1: Cicero de leg. 2, 23, 58 2: Cicero de leg. 2, 23, 59
4: Cicero de leg. 2, 25, 64 5a: Cicero de leg. 2, 24, 60
7: Cicero de leg. 2, 24, 60; Plinius n. h. 21, 3, 7 8: Cicero
de leg 2, 24, 60

XII, 2a: Ulp. D. 9, 4, 2, 1 3: Festus 376.

ERLÄUTERUNGEN

Wie notwendig Recht und Gesetz innerhalb eines geordneten menschlichen Gemeinwesens sind, war den Menschen schon seit weit zurückliegenden Zeiten bewußt. Der
babylonische König Hammurapi bekannte schon vor nahe-
zu viertausend Jahren, er werde als Gesetzgeber tätig,
„um die Bösen und Schlechten zu vernichten, auf daß der
Mächtige nicht den Schwachen bedrücke". Und etwa zwei
Jahrtausende später faßte der römische Dichter Ovid,
ohne um dieses babylonische, erst im 20. Jahrhundert ent-
zifferte Kulturdenkmal zu wissen, den gleichen Gedanken
in die Worte: «Inde datae leges, ne firmior omnia posset»
(fasti 3, 279).

Zu Tafel 1

Die Fragmente der ersten Tafel enthalten vorzugsweise
Ladungs- und Verhandlungsvorschriften für den bürger-
lichen Rechtsstreit, die Einleitung des Verfahrens der sogenannten legisactio. Die Voranstellung des Prozeßrechts
bei Gesetzgebungen der Antike findet sich auch im Stadtrecht von Gortyn. Der Grund liegt darin, daß die Antike
den Streit zu verhindern suchte und Maßnahmen der Beilegung vorausschickte. Der antike Staat war nicht streit-
freundlich, sondern verfolgte in erster Linie den Zweck,
Eintracht unter den Bürgern und den Rechtsfrieden im
Innern zu erhalten. Darauf waren die alten Monarchien
ebenso bedacht wie die späteren Republiken. Die Entwicklung in Rom ging den gleichen Weg. Weisunggebend ist
dafür die Bezeichnung „ius", das im innersten Kern
‚Rechtsfrieden' bedeutet. So nannten die Römer auch die
feierliche Versicherung, sich diesem Rechtsfrieden in streng-
ster Form einzuordnen, was unter Anrufung der Gottheit

und Selbstverfluchung bei Zuwiderhandlung oder unwahrer Versicherung vor sich ging, ein „iurare", woraus sich der Eid (iusiurandum) als „der zu befriedende Rechtsfriede" erklärt. S. auch Festus P. 92: Jupiter Feretrius ..., quod pacem ferre putaretur, ex cuius templo sumebant sceptrum, per quod iurarent, et lapidem silicem, quo foedus ferirent. Unter „ius", „in iure" verstand man in Rom auch den Ort auf dem Forum, wo der öffentliche Beamte der Rechtspflege sein dem Frieden im Staat dienendes Amt (iurisdictio) ausübte. Dieser Beamte, der Praetor, wird schon in den Zwölftafeln genannt (Tf. II, 1, b; XII, 3; s. auch III, 5; VIII, 9; 14). Er hat die Hauptaufgabe, den Streit womöglich zu schlichten, durch gütliche Einwirkung auf die Streitteile beizulegen (disceptare). Der Prätor der Zwölftafeln war dem Amt nach einer der beiden Konsuln, welche seit Alters auch den Ehrentitel praetores führten, d. i. praeitores, hinweisend auf ihre führende Stellung im Heer. Das spezifische prätorische Amt, das später eigens zur Handhabung der iurisdictio geschaffen wurde, trat erst im Jahre 366 v. Chr. zunächst mit der Stadtprätur in Erscheinung; erst 241 v. Chr. folgte die Errichtung der Fremdenprätur. Gelang dem Prätor die gütliche Beilegung des Streites unter den Beteiligten nicht, so wurde der Streit in einem eigentlichen Streitverfahren (iudicium, lis) durch einen oder mehrere Richter (iudex, arbiter, arbitri) endgültig entschieden. Diese Richter waren Privatleute, auf deren Person sich die Parteien unter indirektem Zwang des Beamten geeinigt und deren Richterspruch sie sich vertraglich in der Streitbefestigung (litis contestatio) unterworfen hatten. Daher war die gerichtliche Streitentscheidung (sententia) endgültig. Diese privaten Richter entnahm man in Rom vornehmlich dem Stand der Senatoren und Ritter, wobei die jeweils Geeigneten in öffentliche Listen aufgenommen wurden, aus welchen sich die Parteien Leute ihres Vertrauens wählen konnten. Der in Anspruch genommene Richter hatte vor Aufnahme seiner Tätigkeit einen Eid hinsichtlich unparteiischer Ausübung seiner Spruchtätigkeit abzulegen. Das Recht, letzten Endes seine Streitsache von einem Privatmann, Mitbürger, überprüfen und entscheiden zu lassen, auf dessen Tätigkeit man sich geeinigt hatte, wird im Altertum als das Palladium der Demokratie gefeiert: Dio Cassius 52, 7, 5; Lukian, tyrannicida 9. Dio Cassius 52, 7, 5:

ἐν δὲ δὴ ταῖς δημοκρατίαις, ἄν τ' ἰδίᾳ τις ἀδικεῖν αἰτίαν λάβῃ, ἰδίαν δίκην παρὰ δικασταῖς ἴσοις φεύγει, ἄν τε δημοσίᾳ, καὶ ἐκείνῳ δικασταὶ καθίζουσιν ἐκ τῶν ὁμοίων οὓς ἂν ὁ κλῆρος ἀποδείξῃ, ὥστε ῥᾷον τὰ ἀποβαίνοντα ἀπ' αὐτῶν τοὺς ἀνθρώπους φέρειν, μήτ' ἰσχύι δικαστοῦ μήτε χάριτι ἀναγκαστῇ νομίζοντάς τι πεπονθέναι.	In den Demokratien erhält einer, wenn er aus einer Privatsache belangt ist, ein privates Gericht vor privaten Richtern seines Standes, bei einer öffentlichen Anklage aber gleichfalls Männer seines Standes, durchs Los dazu gewählt, zu richten, so daß die Menschen sich deren Entscheidungen eher gefallen lassen, da sie glauben, kein Unrecht zu erleiden durch Machtspruch oder erzwungene Gunst des Richters.

Als Heimstätte dieses Gedankens gilt Athen (Aelian, var. hist. 3, 38: δίκας τε δοῦναι καὶ λαβεῖν εὗρον Ἀθηναῖοι πρῶτοι). Den Beamtenrichter kennt Rom erst seit der Prinzipatszeit, nach dem Untergang der Republik.

1. Betrifft die in ius vocatio des Klägers. Der Aufforderung des Klägers an den Beklagten, in ius, d. h. vor den Prätor auf das Forum bzw. Comitium (Teil des Forums) zu kommen, hat der

Beklagte grundsätzlich nachzukommen. Gewaltanwendung im Weigerungsfall ist nur vor Zeugen zulässig. Der Kläger pflegte in solchen Fällen einen anwesenden Dritten um die Bereitwilligkeit, Zeuge zu sein, mit den Worten anzugehen: „licet antestari?" (Horaz, sat. 1, 9, 76), wobei er ihn am Ohrläppchen zupfte. Vgl. hierzu Plinius, n. h. 11, 45, 251: est in aure ima memoriae locus, quem tangentes antestamur.

2. Vereitelungsversuch des Beklagen berechtigt den Kläger ohne weiteres zur Selbsthilfe durch Handergreifung (manus iniectio). Über diese Tf. III, 2.

3. Milderungsvorschriften zugunsten gebrechlicher Beklagter, zweifellos eine Verbesserung gegenüber früheren härteren Sitten – „escit" alte Form für „erit" (Festus P. 77). – Nach Gellius 20, 1, 28, dessen Bericht sich auf eine Erläuterung des zeitgenössischen Juristen Sextus Caecilius (Africanus) stützt, konnten Kranke und Gebrechliche jedoch einen einfachen Wagen (vectabulum) beanspruchen, den man in der alten Sprache unter „iumentum" mitverstand: iumentum quoque non id solum significat, quod nunc dicitur, sed vectabulum etiam, quod adiunctis pecoribus trahebatur; veteres nostri iumentum a iungendo dixerunt.

4. Vindex: für den Beklagten konnte ein dritter schützend eintreten (vindex), der ihn dadurch der Verfolgung entzog und seinerseits den Rechtsstreit mit dem Kläger auf sich nahm (s. auch Tf. III, 3). Geschah dies, konnte der Kläger jedenfalls verlangen, daß für einen ansässigen und leistungsfähigen Bürger als Beklagten nicht ein Bürger der untersten vermögenslosen Klasse vindex sei. Für einen unbemittelten Beklagten der untersten Klasse (proletarius) konnte als vindex jeder Bürger (Radke) auftreten, der immer wollte. Vielleicht gehörte diese Vorschrift in Tafel 3 (Wlassak). Nicht undenkbar wäre, daß man aber auch einen leistungsfähigen „hostis" als vindex eines civis proletarius zuließ, da das Gesetz Rechtsstreite zwischen Bürgern und Nichtbürgern kennt (s. Tf. II, 2) und solches hier dem Kläger nur zum Vorteil gereichen konnte.

5. Stark verstümmeltes Fragment, nach Festus F. 348; 321; 322

mit Mommsen zu ergänzen: nex[i mancipiique idem ius esto].
Nexum, mancipium bedeuten wichtige vertragliche Verpflich-
tungsfälle (s. Tf. VI, 1). Der Sinn scheint zu sein, die Gleichheit
des einzelnen Bürgers beim Abschluß von Verpflichtungsgeschäf-
ten zu betonen, wo Standesunterschiede ohne Belang waren (s.
auch Tf. IX, 1). Die forctes, fortes, die Guten, Vornehmen sind
die Patrizier, die sanates, die Gebesserten, die in Schutzherr-
schaft genommenen, überwundenen, in das Plebejat genötigten
latinischen Gemeinden (Mommsen).

6. Wichtige Bestimmung über gütliche Beilegung von Streit-
sachen durch die Beteiligten (pactio, pacisci, pactum), die auch
weiterhin im Gesetz empfohlen wird (Tf. III, 5; VIII, 2). Dafür, daß dieses Ergebnis möglichst erreicht wird, ist auch der
Prätor, wie schon eingangs bemerkt, tätig (Cicero, de leg. 3, 3, 8:
iuris disceptator, qui privata iudicet iudicarive iubeat, praetor
esto. Is iuris civilis custos esto). Die Stelle schreibt vor, daß bei
einer pactio unmittelbar zwischen den Parteien der Prätor einen
Spruch zu fällen hatte. Gemeint ist das prätorische „addicere",
sein Beispruch, durch den dafür Sorge getragen wird, daß die
Streitsache endgültig, möglichst unter Zuhilfenahme des Eides
und mit Strafsanktionen beigelegt wird (s. auch Anhang, Bruchstücke unbekannter Zugehörigkeit, Zff. 6). Dadurch wird namentlich jedes neuerliche Wiederaufgreifen der beigelegten Sache
wirksam ausgeschlossen. Beilegungsvereinbarungen in Stipulationsform mit Strafsanktionen sind schon nach Zwölftafelrecht,
das die Stipulation bestätigt (Tf. II, 1 b), möglich. Wird eine
Streitsache nicht schon unter Einwirkung des Prätors durch sein
„iudicare" abgeschlossen, so ist es Aufgabe des Beamten, auf
jeden Fall dafür zu sorgen, daß sich die Streitenden dem Urteil
eines von ihnen gewählten Richters, eines Mitbürgers unterwer-
fen („iudicari iubere"). Dies geschah in der litis contestatio,
einem Akt, der vor Zeugen vorgenommen wurde. Damit war
der Fall des „provocare ad iudicem" gegeben.

Die gütliche Auseinandersetzung preisen schon alte Gesetzgebungen, wie die des Zaleukos von Lokri, vgl.

Diodor, 12, 20, 3:

... διὰ δὲ τοῦ προοιμίου προ-
καλεσάμενος τοὺς πολίτας εἰς
εὐσέβειαν καὶ δικαιοσύνην,
ἐπέζευξε προστάττων μηδένα
τῶν πολιτῶν ἐχθρὸν ἀκατάλ-
λακτον ἔχειν, ἀλλ' οὕτω τὴν
ἔχθραν ἀναλαμβάνειν ὡς
ἥξοντα εἰς σύλλυσιν καὶ
φιλίαν.

... nachdem er (Zaleukos) in
der Vorrede (des Gesetzes) die
Bürger zur Gottesfurcht und
Gerechtigkeit aufgefordert hat,
fügt er die Anordnung bei,
niemand solle einen Bürger als
unversöhnlichen Feind be-
trachten, sondern schon bei Be-
ginn der Feindschaft daran
denken, daß man sich wieder
aussöhnen und befreunden
solle.

Auch später ist dieser Gedanke Gemeingut der Antike geblieben:

Dio Cassius 52, 37, 9:

καλὸν μὲν οὖν ἐστι καὶ τὸ τὰ
τῶν ἰδιωτῶν ἀμφισβητήματα
ὡς ἐλάχιστα ποιοῦντα τὰς
διαλύσεις αὐτῶν ὡς τάχιστα
καθιστάναι ...

... etwas Schönes ist es auch,
wenn der, welcher die Privat-
streitigkeiten auf das Mindest-
maß herabgedrückt hat, auch
die Aussöhnung der Streitenden so schnell wie möglich
herbeiführt ...

Die gütliche Auseinandersetzung ist auch dem Zwang weit vor-
zuziehen:

Dio Cassius 55, 17, 3–4:

αἱ μὲν γὰρ βίαιοι πράξεις
ἀεὶ πάντας, κἂν δικαιόταται
ὦσι, παροξύνουσιν, αἱ δὲ
ἐπιεικεῖς ἡμεροῦσι. καὶ διὰ
τοῦτο πεισθεὶς ἄν τις ῥᾷον
καὶ τὰ δεινότατα ἑκὼν ἢ βια-
σθεὶς ὑπομείνειεν.

Stets machen die erzwungenen
Handlungen, und mögen sie
noch so gerecht sein, jedermann
erbittert, die mit Milde veran-
laßten dagegen machen nach-
giebig. Und deshalb wird jemand, der gütlich überredet
wurde, leichter auch das
Schwerste freiwillig auf sich
nehmen, als wenn er dazu
gezwungen würde.

Besonders den Stoikern ist der freundschaftliche Ausgleich Hauptgrundsatz der Rechtspflege (Porphyrius, de abstin. 3, 19: τὴν δὲ οἰκείωσιν ἀρχὴν τίθενται δικαιοσύνης οἱ ἀπὸ Ζήνωνος). 7. Gelangen die Parteien nicht selbst zur Einigung, müssen sie ihre Sache dem Prätor vortragen, der beiden Parteien Gehör schenken muß. Die nachfolgenden Fragmente 7–9 beziehen sich, ihre lückenlose Überlieferung vorausgesetzt, wohl nicht auf den Privatrichter, sondern auf den Beamten in iure; 6–9 geben den Eindruck fortlaufender Geschehnisse vor der gleichen Stelle, Zff. 8 verweist zudem auf den Prätor. Fragen der Verhandlung vor dem Privatrichter scheint erst Tf. 2 gebracht zu haben.

8. Betrifft das Versäumnisverfahren. Ist ein Teil nicht erschienen oder hat er sich unbefugt wieder entfernt, soll, wenn die Versäumnis nach dem Mittag noch anhält, über den Streitgegenstand (lis) zugunsten des Anwesenden entschieden werden. Das „addicere" ist das dritte der drei solennen Worte des Prätors (do – dico – addico). Die Bedeutung der Worte: der Beamte der iurisdictio bekundet im „do" die grundsätzliche Bereitschaft des Tätigwerdens im konkreten Fall, im „dico" den Befehl zur Beendigung des Streites unter den Parteien, im „addico" seine Zustimmung zu der unmittelbar unter den Parteien vor dem Beamten vereinbarten Art der Streitbeilegung.

9. Wird in Anwesenheit beider Teile verhandelt, darf die Verhandlung nicht in die Nacht hinein verlängert werden. Sie wird erforderlichenfalls vertagt. „Tempestas" ist alte Bezeichnung für tempus (s. Festus P. 362: tempestatem pro tempore frequenter dixerunt antiqui). Das Wort findet sich in der alten Bedeutung übrigens noch vielfach bei späteren Schriftstellern, besonders Sallust und Livius.

10. Zu proletarii, adsidui, sanates: Tf. I, 4; 5. Zu XXV asses: s. Tf. VIII, 4; 11. Zu taliones: s. Tf. VIII, 2. Zu vades, subvades: Die Bürgen, die der Beklagte dafür stellte, daß er sich an einem bestimmten späteren Termin wieder vor dem Prätor einfinden werde. Solche zu geben war üblich bei Vertagungen, um nicht wieder eine neue in ius vocatio in Gang bringen zu lassen. (Gaius 4, 184.)

Lex Aebutia: wichtiges Prozeßgesetz aus dem 2. Jahrhundert v. Chr. (zwischen 149 und 126 v. Chr.), das neben dem bis dahin unter Bürgern üblichen schwerfälligen alten gesetzlichen Spruchverfahren der legisactiones das „agere per formulam", den Schriftformelprozeß, zuließ, der aus dem Fremdenprozeß des praetor peregrinus stammte. Die letztere Prozeßart wurde von da an auch im stadtrömischen Verfahren herrschend und verdrängte die alten Legisaktionen praktisch, bis diese durch die Augusteische Prozeßreform auch rechtlich fast ganz beseitigt wurden.

Die genannten Bestimmungen über Talion, 25 As-Bußen usw. waren später durch das prätorische Edikt reformiert worden. Daher spricht Gellius, der um 175 n. Chr. schrieb, hier von längst überholten Einrichtungen.

Zu Tafel 2

Diese Tafel enthielt Bestimmungen zum Prozeßverfahren im Zivilrechtsstreit, vornehmlich vor dem privaten Richter. Vom Inhalt dieser Tafel ist sehr viel verlorengegangen. Die wichtige Bestimmung 1 b ist Inhalt des Gaiusfundes aus dem Jahre 1933.

1. a: Diese Bestimmung betrifft die legisactio sacramento, die allgemeine Formel des Prozeßverfahrens (Gaius 4, 13). Jede der Parteien schloß in solenner Form eine Wette ab, daß sie im Recht sei, und hinterlegte je nach dem Werte des Streitgegenstandes die Wettsumme bei den pontifices. Der Privatrichter hatte dann zu entscheiden, wer von den beiden Teilen richtig gewettet hatte, und entschied damit, wer im Recht war. Dieser hatte dann den Prozeß gewonnen und erhielt seine Wettsumme zurück, während der Gegner die seinige verlor. Das Verfahren brachte daher für die Streitteile ein Risiko (poena sacramenti: Gaius 4, 14). Anders unter 1 b.

b: Diese Überlieferung, aus dem Gaiusfund stammend, zeigt einmal, daß die legisactio durch Ersuchen um Bestellung eines iudex oder arbiter bereits dem Zwölftafelrecht bekannt, und weiter, daß schon die altrömische Stipulation hier geregelt war. Bei dieser handelt es sich um einen formalen Verpflichtungsakt archaischer Zeit mit magisch-zauberischem Charakter: die beiden Teile eines gebrochenen Strohhalms (stipula) werden symbolisch ineinander geschoben und dadurch wird die Einheit und die Festigung sichtbar zum Ausdruck gebracht. Damit verband man ein Frage- und Antwortritual der beiden Vertragschließenden, das in historischer Zeit allein – ohne den zauberischen Akt – geübt wurde. Dieser Verbalkontrakt kam dadurch zustande, daß der Stipulationsgläubiger (reus stipulandi) dem Schuldner (reus promittendi) die verpflichtende Erklärung abnahm, für welche Frage und Antwort wesentlich waren. Der Gläubiger fragt z. B.: „X dare spondesne?", der Schuldner antwortete: „spondeo". Durch diese sponsio des Schuldners, eine verpflichtende vertragliche Schulderklärung, war die stipulatio wirksam in Kraft gesetzt. In dem Prozeß über eine solche Schuld konnte der Schuldner ohne Risiko (sine poena) bestreiten, weil er hier nicht, wie bei 1 a den Verlust einer Wettsumme in Kauf nehmen mußte. Bezüglich des Streites über die Teilung einer Erbschaft vgl. unten Tf. V, 10.

2. Die Vorschrift bezieht sich auf das Verfahren vor dem Privatrichter (apud iudicem), dessen Entscheidung sich die Parteien unterworfen haben, und nennt besondere Gründe, wann ein bestimmter Verhandlungstermin zu verschieben sei. Richter war der iudex unus, arbiter, oder mehrere arbitri. Reus ist Bezeichnung für beide Parteien (D. 35, 2, 1); nach Festus F. 273 wird jede der Parteien vom Augenblick der Streitbefestigung (litis contestatio) an reus genannt. Die Bestimmung läßt auch erkennen, daß Rechtsstreite zwischen Bürgern und Peregrinen (alte Bezeichnung: hostis) schon in alter Zeit möglich waren. Dies ist die einzige Stelle des Gesetzes, zu welcher Überlieferung vorliegt, daß die Bestimmung gerade an diesem Ort vermerkt war (Festus F. 273: „in secunda tabula secunda lege").

3. Eigenartige Bestimmung im Interesse der Partei, deren Zeuge nicht erschienen war oder nicht ausgesagt hatte: das Gesetz ge-

währt eine Art Selbsthilfe, um durch öffentlich erlaubte Rüge die Bürgerschaft ins Bild zu setzen und einen Druck auf den Zeugen auszuüben (Wenger).

Wahrscheinlich bezog sich die Vorschrift im Gegensatz zu Tf. VIII, 22 auf alle Zeugen, z. B. auch auf Zeugen im Fall Tf. I, 1, während Tf. VIII, 22 nur Geschäftszeugen bei Manzipationen im Auge hatte. Nach allgemeiner Ansicht bestand im ältesten römischen Recht keine allgemeine Zeugnispflicht. S. auch Festus L. 375: vagulatio in l. XII tab. significat „quaestio cum convicio"; Festus F. 233: portum in XII tab. pro „domo" positum omnes fere consentiunt.

Zu Tafel 3

Die Tafel enthält in der Hauptsache das harte alte Vollstreckungsrecht, das noch im Bann von Selbsthilfe und Privatrache steht. Voraussetzung der Vollstreckung war gerichtliches Anerkenntnis der Geldschuld (aes confessum) oder rechtskräftige Verurteilung im Prozeß (res iudicata). Der Rechtsbehelf des Gläubigers ist hier die legisactio per manus iniectionem (Gaius 4, 21), d. h. die gesetzlich genau umschriebene Handanlegung an den Schuldner zwecks Durchführung schärfster Personalexekution.

1. Der Schuldner hat eine Erfüllungsfrist von 30 Tagen, eines vollen Mondumlaufs, einer in der Antike häufig begegnenden Zeitspanne rituellen und rechtlichen Charakters.

2–4: Für den wieder vor den Prätor in ius gebrachten Schuldner besteht die Möglichkeit, daß ihn ein Bürge (vindex; über diesen s. Tf. I, 4) der Vollstreckung entzieht. Geschieht dies aber nicht, erhält der Gläubiger das Recht der endgültigen Verhaftung des Schuldners, den er während dieser Zeit notfalls auch verpflegen muß. Speltmehlbrei war die übliche Nahrung im ältesten Rom. Die Vorschriften in Zff. 3 und 4 bedeuten wohl eine Milderung gegenüber mancher Übung vor Erlaß des Gesetzes.

5. Die Möglichkeit gütlicher Erledigung (s. hierüber auch Tf. I, 6 und Bemerkung) wird stets offen gehalten. Die Höchstdauer der Verhaftung und Fesselung betrug 60 Tage. Innerhalb dieser Zeit war der Schuldner an drei aufeinanderfolgenden Markttagen zum Prätor ins Comitium zu bringen und die Höhe der Schuldsumme mußte öffentlich bekanntgemacht werden, um jedermann Gelegenheit zu geben, für den Schuldner einzutreten und den Gläubiger zu befriedigen. Fälle solcher praktischer Auslösungen sind uns geschichtlich z. B. bez. des Manlius Capitolinus überliefert (Livius 6, 14 ff.). Am dritten Markttag war sodann die Endexekution zulässig: Tötung oder Verkauf in die Sklaverei. Letzteres, das dem Gläubiger einen Vermögensvorteil brachte, wird an Stelle des unsinnigen Rachegedankens die Regel gewesen sein.

6. Bei Gläubigermehrheit bestand Zerstückelungsrecht. „Wo das Recht des Gläubigers anerkannt wird, da ist es so allmächtig, daß dem Armen nirgends eine Rettung, nirgends eine menschliche Berücksichtigung sich zeigt; es ist, als fände das Recht eine Freude daran, überall die schärfsten Spitzen hervorzukehren, die äußersten Konsequenzen zu ziehen" (Mommsen). Andere nehmen an, daß die Androhung der Zerstückelungsstrafe einen religiösen Hintergrund hatte, weil bei einer solchen Prozedur die Entziehung der Grabesruhe folgte, womit gleichzeitig eine Abschreckung erfolgen sollte. Übrigens scheint es niemals zu diesen äußersten Konsequenzen gekommen zu sein. So schon Quintilian, inst. or. 3. 6, 84: in XII tabulis debitoris corpus inter creditores dividi licuit, quam legem mos publicus repudiavit; ebenso Dio Cassius fr. 16, 8:

πλείστων γοῦν δεινῶν τοῖς Ῥωμαίοις αἰτία ἡ τοῦ δυνατωτέρου ἐς τοὺς ὑποδεεστέρους ἀκρίβεια ἐγένετο · ἄλλα τε γὰρ πολλὰ κατὰ τῶν ὑπερημέρων αὐτοῖς ἐδέδοτο, καὶ εἰ δή τινι πλείους δεδανει-

Sicherlich war Ursache der meisten Schrecken für die Römer die Strenge des Mächtigeren gegen den Schwächeren. Denn sehr viel Recht war ihnen gegen die säumigen Schuldner gegeben, und wenn ein Schuldner mehrere Gläu-

κότες ἔτυχον, κρεουργηδὸν αὐτοῦ τὸ σῶμα πρὸς τὸ μέρος ὧν ὤφειλεν ἐξουσίαν εἶχον κατανέμεσθαι. καί τοῦτο μὲν εἰ καὶ τὰ μάλιστα ἐνενόμιστο, ἀλλ' οὔτι γε καὶ ἔργῳ ποτὲ ἐγεγόνει· πῶς γὰρ ἂν πρὸς τοσαύτην ὠμότητα προεχώρησαν οἱ καὶ τοῖς ἐπ' ἀδικήματί τινι ἁλοῦσι διάφευξιν ἐπὶ σωτηρίᾳ πολλάκις δόντες τοῖς τε ἀπὸ τῶν πετρῶν τοῦ Καπιτωλίου ὠσθεῖσι ζῆν, εἰ περιγένοιντο, ἐπιτρέποντες;

biger hatte, hatten diese das Recht, seinen Körper zu zerstückeln und gemäß dem Forderungsanteil sich zuzuteilen. Mag dieses Recht auch völlig gesetzlich gewesen sein, in der Praxis wurde es doch nie angewendet. Wie hätten sie sich auch eine solche Grausamkeit erlaubt, sie, die selbst überführten Verbrechern oft noch den Rettungsweg eröffneten und die vom kapitolinischen (= tarpeischen) Fels Gestürzten, wenn sie mit dem Leben davonkamen, am Leben ließen?

„Se fraude": alte Wendung für „sine fraude". Gleiches in Tf. X, 8.

7. Bestimmung über die Ersitzung. Die Regel des römischen Rechts, durch ein-, bzw. (bei Grundstücken) zweijährigen Sachbesitz Eigentum an der in Besitz genommenen Sache zu erwerben (usus, usucapio, vgl. Tf. V, 2), galt nur unter Bürgern, nicht zugunsten eines Fremden (hostis). Einem solchen gegenüber ist die Gültigkeit (auctoritas) der Rechtslage für den berechtigten Eigentümer eine dauernde; umgekehrt muß bei Sacherwerb eines Fremden als Käufer die Rechtsgewährpflicht des Verkäufers (auctoritas in diesem Sinn) eine dauernde sein, weil der Erwerber einer Sache, an welcher der Veräußerer nicht Eigentum hatte, nicht durch Ersitzung der Sache seine Rechtslage verbessern und selbst Eigentümer werden konnte, da hiezu nur ein civis Romanus imstande war. Daß schon die Zwölftafeln guten Glauben und Besitztitel zur Ersitzung verlangten, wie es später Regel wurde, ist nicht bezeugt. – Über Ersitzung s. auch Tf. V, 2; VI, 3; 4; VII, 4; VIII, 17; X, 10.

In dieser und der folgenden Tafel war Familienrecht geregelt, insbesondere das Recht der väterlichen Gewalt (patria potestas) des Familienvorstandes über sämtliche ehelichen Abkömmlinge ohne Rücksicht auf deren Alter, und das Recht des Mannes gegenüber der Ehefrau, die in seiner Gewalt (manus) stand. Vieles ist hier verlorengegangen.

1. Das Recht aus der väterlichen Gewalt war ein solches über Leben und Tod des Kindes (ius vitae ac necis); die schleunige Tötung eines mißgestalteten Knaben nach dessen Geburt war gesetzgeberisch erwünscht und nach Berichten schon in einer lex regia, die dem Romulus zugeschrieben wurde, angeordnet (Dionysius ant. Rom. 2, 15, 2).

2. Der dreimalige Verkauf eines Haussohnes durch den pater familias führte zum Verlust der väterlichen Gewalt. Der Verkauf erfolgte durch mancipatio. Beim dritten Verkauf hatte der Vater die väterliche Gewalt verloren.

Über die mancipatio s. Tf. VI, 1; 5. Bei weiblichen Abkömmlingen und anderen sui als Söhnen genügte einmaliger Verkauf. Auf dieser Vorschrift der Zwölftafeln wurden die Familienrechtsgeschäfte der Adoption (Annahme an Kindesstatt) und der Emanzipation (Entlassung aus der väterlichen Gewalt) aufgebaut.

3. Recht der Ehescheidung (divortium). Hier ist das Scheidungsrecht des Mannes anerkannt. Er erklärt den Scheidungswillen (repudium) und nimmt dabei die gesetzlich vorgeschriebenen Förmlichkeiten wahr. Das Scheidungsrecht der Frau kommt erst in der manusfreien Ehe später zur Entwicklung. Über diese s. Tf. VI, 4.

4. Die Folge war: das Kind, das später als 10 Monate nach dem Tod des Vaters von dessen Witwe geboren wird, gilt nicht als ehelich und ist damit von der gesetzlichen väterlichen Erbfolge ausgeschlossen.

Diese Tafel enthielt Familien- und Erbrecht.

1. Jede Frauensperson stand unter Vormundschaft (tutela), soweit sie nicht unter väterlicher Gewalt (patria potestas) oder als Ehefrau unter der manus ihres Mannes stand. Eine Ausnahme galt für die Vestapriesterinnen mit Rücksicht auf ihre besondere Würde.

2. Ersitzungsverbot zugunsten der Agnaten der Frau, welche die Vormundschaft über sie in ihrem eigenen (Agnaten)interesse führten. Hatte der Vormund die Besitzübergabe nicht gebilligt, nützte dem Erwerber die Besitzzeit zur Ersitzung nicht. Über Ersitzung s. oben Tf. III, 7. Über Agnaten s. unten Zff. 4, 5. – Res mancipi: diejenigen Sachen, die notwendig durch den Rechtsakt der mancipatio oder der in iure cessio (s. hierüber Tf. VI, 5) übertragen werden mußten. Dies sind die für die Wirtschaftsführung besonders notwendigen Sachen, vgl. Zff. 3.

3. Grundsatz der freien letztwilligen Verfügung über Geld und die Vormundschaft in eigener Familiensache.

Es handelt sich hier nicht um das erst später aufgekommene private schriftliche Manzipationstestament (Gaius 2, 104), sondern um einen öffentlichen mündlichen Testierakt vor den Komitien, der wohl überhaupt nur zulässig war, wenn erbberechtigte Abkömmlinge (sui heredes) nicht vorhanden waren. Freie Testierung in vollem Umfang kennen die Zwölftafeln nach herrschender Ansicht nicht. Der Erblasser kann nicht über res mancipi (s. Zff. 2), d. h. über Grundstücke, Vieh, Sklaven, ländliche Dienstbarkeiten letztwillig frei verfügen, sondern nur über res nec mancipi, wozu besonders Geld (pecunia) gehörte. Die klassischen Juristen freilich stellen die Sache so dar, als ob die Zwölftafeln bereits völlig freies Testieren gestattet hätten (Pomponius D. 50, 16, 120). Daß es jedenfalls zulässig war, nach Zwölftafelrecht einen Sklaven im Testament freizulassen und damit letztwillig auch über eine res mancipi wirksam zu verfügen, kann aus Tf. VII, 12 entnommen werden. Dies bedeutet eine Modifizierung der herrschenden Meinung.

4; 5: Gesetzliche Erbfolgeordnung: 1. die der unmittelbaren Gewalt unterworfenen Deszendenten (sui), 2. der nächste agnatische Seitenverwandte, z. B. der Bruder. Agnaten sind alle die Personen, die unter derselben väterlichen Gewalt gestanden hätten, wenn der gemeinschaftliche Stammvater noch leben würde. Die agnatische Verwandtschaft können nur Personen männlichen Geschlechts vermitteln. 3. War zur Zeit des Erbfalls kein Agnat vorhanden, kam die Erbschaft an die gens des Verstorbenen, die Sippengenossen.

Familia ist „Familiengut", s. Ulpian D. 50, 16, 195, 1.

6. Die Agnaten sind auch die gesetzlichen Vormünder des Mündels, dem dessen verstorbener pater familias keinen Vormund bestellt hatte, wozu er nach Tf. V, 3 berechtigt gewesen wäre.

7. Bei Geisteskrankheit einer Person geht die Vermögensverwaltung und Vertretung (cura) an die Agnaten und subsidiär (analog Tf. V, 5) an die Gentilen; desgleichen bei Verschwendung, wenn eine behördliche Interdiktion der Vermögensverwaltung erfolgt war.

8. Freigelassenenerbrecht: Der Freilasser (frühere Herr) beerbt seinen Freigelassenen, der keine sui hat und ohne Testament verstorben ist. Textergänzung vielleicht: „ex ea familia qui liberatus erit, eius bona in eam familiam revertuntor" (Girard, textes).

9. Forderungen und Schulden des Erblassers werden ohne weiteres entsprechend den Erbteilen geteilt, d. h. jedem Miterben gebührt ein seinem Anteil entsprechender Teil der Forderungen des Nachlasses und im gleichen Verhältnis hat er für die Verbindlichkeiten des Erblassers aufzukommen.

10. Mehrere Miterben stehen zunächst in Erbengemeinschaft, welche sie aber durch Auseinandersetzung aufheben können. Der Rechtsbehelf hierzu ist die Erbengemeinschaftsaufhebungsklage (actio familiae herciscundae), welche jeder Miterbe gegen die anderen anstellen konnte. Die Klage erfolgt im Wege der legisactio per iudicis arbitrive postulationem s. Tf. II, 1 b.

Die Tafel enthielt hauptsächlich Bestimmungen über Vertragsrecht und Eigentum.

1. Nexum bedeutet den feierlichen Darlehensschuldbegründungsakt des alten Rechts; mancipium bedeutet so viel wie mancipatio und bezeichnet das verpflichtende Kaufgeschäft einschließlich des Übertragungsaktes.
Der feierliche Manzipationsakt ist ein Geschäft per aes et libram, abgeschlossen vor fünf Zeugen und einem Wägemeister (libripens), zurückgehend auf eine Zeit, wo es noch kein gemünztes Geld gab, sondern dem Veräußerer der Gegenwert in aes zugewogen wurde. Die Bezeichnung mancipatio rührt daher, daß die gekaufte Sache vom Käufer mit der Hand symbolisch ergriffen wurde („Handgriff": s. Gaius 1, 119).
Mit den genannten Geschäften von nexum und mancipatio konnte man mündliche Nebenabreden (nuncupationes) verbinden, die unter den Beteiligten bindende Wirkung hatten, so z. B. über Rückgabe, Garantieübernahme u. dgl. S. auch Zff. 2. Auch Nebenabreden in Stipulationsform konnten in Frage kommen (s. Tf. II, 1 b).

2. Leugnen einer Zusicherung, die durch nuncupatio gegeben war (s. Zff. 1), bringt für den Versprechenden, wenn er im Prozeß verurteilt wurde, die Strafe des doppelten Wertersatzes. Der doppelte Wertersatz ist in antiken Rechten vielfach als Zeichen guter Gesetzgebung aufgefaßt, namentlich bei Verzug, unerlaubter Handlung, Ungehorsam, Prozeßverschleppung durch Leugnen. Vgl. z. B. Diodor, 20, 70, 4: ὁ θεὸς ὥσπερ ἀγαθὸς νομοθέτης διπλῆν ἔλαβε παρ' αὐτοῦ τὴν κόλασιν. S. auch Diodor 16, 29, 2. Auch das Recht von Gortyn kennt unter den genannten Voraussetzungen die Strafe des doppelten Wertersatzes. Über das Problem auch bei Plato, leges l. 10–11 passim. Fälle doppelten Wertersatzes in den Zwölftafeln weiterhin: Tf. VI, 8; VIII, 9; 16, 18 b, 19, 20 b; XII, 3; 4. Im Deliktsrecht findet sich auch 3- bis 4facher Wertersatz (Tf. VIII, 15 a; 18 b). Vierfacher Wertersatz blieb im prätorischen Recht insbesondere

Strafe bei Restitutionsverweigerung (Ulpian, D. 4, 2, 14, 1).

3. *auctoritas:* Gültigkeit, Wirksamkeit, vgl. Tf. III, 7. Viele lesen ,usus [et] auctoritas' und sehen in der Bestimmung die Einbeziehung der Verkäuferhaftung hinsichtlich der Gewährleistungspflicht (auctoritas im Sinn der späteren actio auctoritatis), wo der Käufer berechtigt war, bei Nichtübertragung der Rechtsstellung (auctoritas) durch den Verkäufer wegen Rechtsmängeln vorzugehen. War die Ersitzungszeit für den Käufer abgelaufen, war dieser Eigentümer der Kaufsache geworden. Von da an war die Gewährleistungspflicht des Verkäufers nicht mehr praktisch.

4. Das Zwölftafelrecht kennt bereits die manusfreie Ehe: Die Ehefrau, die keine Manusehe mit dem Mann eingegangen hatte, d. h. keine Ehe in Form der confarreatio oder coemptio abgeschlossen hatte, geriet durch einjähriges Fortbestehen der Ehe kraft Gesetzes in die manus, hatte aber die Möglichkeit, diese Rechtsfolge zu vermeiden, wenn sie jährlich mindestens drei Nächte nicht im Hause des Mannes verbrachte. Die Annahme einiger, die drei Nächte bedeuteten das trinoctium der häuslichen Totenfeier der Lemurien, ist kaum haltbar, weil diese Feier jährlich im Mai stattfand (Ovid, fasti 5, 419 ff.), antike Berichte aber Beispiele des Unterbrechens unter Berufung auf den angesehenen Oberpriester und Juristen Q. Mucius Scaevola in die Zeit der Jahreswende legen (s. Gellius 3, 2). Die Bestimmung ist ein Anwendungsfall der Ersitzung (usus) auf Personen. Die Manusehe brachte im Unterschied zur manusfreien Ehe die Ehefrau in erheblich stärkere Abhängigkeit vom Mann, gewährte ihr aber dafür ein gesetzliches Erbrecht wie einer filia des Mannes. Vgl. auch Festus P. 62: nuptiali iure imperio viri subicitur nubens; Servius in Verg. Aen. 4, 103: mulier in potestatem viri cedit atque ita sustinet condicionem liberae servitutis.

5. a. Ausschnitt aus einer Bestimmung der Zwölftafeln zur legisactio sacramento in rem (Gaius 4, 16), wo beide Parteien, welche auf eine Sache Anspruch erheben, diese vor dem Prätor formell ergreifen und solenne Formelworte dazu sprechen (Gellius 20, 10, 7).

5. b. *mancipatio:* das solenne Kaufgeschäft und Übertragungs-geschäft für die res mancipi (s. Bem. zu Tf. V, 3), das vor fünf Zeugen und dem Wägemeister (libripens) stattfand. Näheres Gaius 1, 119 und oben Zff. 1.

In iure cessio: sie ist im Gegensatz zur mancipatio, die ein Rechtsgeschäft vor Zeugen ist, ein Übertragungsakt vor dem Prätor, eingekleidet in die Form eines Rechtsstreits. Derjenige, dem die Sache übergeben werden soll, spricht sie als sein Eigentum im Klageweg gegenüber dem Veräußerer an, dieser erklärt vor dem Prätor die Ausführungen des Klägers als zutreffend oder widerspricht ihnen nicht: darauf spricht der Prätor dem Kläger die Sache zu (addicit). Näheres Gaius 2, 24.

6. Im Streit um die Freiheit einer Person, die ein anderer als seinen Sklaven in Anspruch nahm, bestand der Grundsatz, während der Dauer des Prozesses die betreffende Person im Zwischenstadium eines Freien zu belassen. Die prätorische Festsetzung eines friedlichen Zwischenzustands wird „vindiciae" genannt, weil der alten Selbsthilfe (vis) hier ein obrigkeitliches Machtgebot (dico) entgegengesetzt wird. Mit dem von Ap. Claudius eingebrachten Gesetz sind die Zwölftafeln gemeint, da Appius Claudius einer der Dezemvirn war. Über vindiciae s. auch Tf. XII, 3.

Den römischen vindiciae ähnlich hatte schon ein Gesetz des Zaleukos von Lokri Bestimmungen über einen friedlichen Zwischenzustand zu gunsten des Sachbesitzers einer Partei normiert: der Partei, welche die letzte Sachbesitzerin vor Anrufung der gerichtlichen Entscheidung war (Polybius 12, 16). – Verginia war eine freie Römerin, deren sich Ap. Claudius dadurch bemächtigen wollte, daß er einen Helfershelfer veranlaßte, gegen sie einen Freiheitsprozeß vor ihm anzustrengen, worauf er im Rechtsstreit den Zwischenzustand einer Sklavin rechtswidrig anordnete, um sie fortschaffen zu lassen. Näheres über ihr tragisches Schicksal bei Livius 3, 44–49 und Pomponius D. 1, 2, 2. 24.

7, 8: *tignum* bedeutet Balken, Pfahl, nach Gaius D. 50, 16, 62 jede Art von Baumaterial. Vorstellung ist noch nicht, daß das

88

Eigentum an dem mit dem Grundstück verbundenen Teil durch Einbau verlorengeht. Vielmehr ruht der Herausgabeanspruch des Eigentümers während des Einbaues; der Eigentümer hat nur Anspruch auf doppelten Wertersatz. Zweck der Bestimmung ist der Schutz bestehender Gebäude und Weinpflanzungen.

9. Bruchstück aus einer nachbarrechtlichen Bestimmung, die sich wahrscheinlich auf tigna in einer vinea (s. Zff. 7) bezog für den Fall, daß sie wieder entfernt wurden (dempta). Die Bestimmung hatte wahrscheinlich zum Inhalte, daß die Pfähle nicht während der Fruktifikationsperiode, also auch nicht während des Schneidens der Reben, sondern erst im Herbst, wenn die Stangen zur Bergung während des Winters herausgenommen waren (dempta), vom Eigentümer vindiziert werden konnten.

Zu Tafel 7

Die Tafel enthielt hauptsächlich die Regelung der nachbarlichen Verhältnisse im altrömischen Agrarstaat.

1. Regelung des gegenseitigen Gebäudeabstands.

2. Regelung des Grenzabstands von Grundstücksanlagen und Gewächsen, aus den Solonischen Gesetzen Athens übernommen.

3. Alte landwirtschaftliche Fachausdrücke, s. auch Festus P. 99; 102. Messalla Corvinus war ein Dichter und Altertumsforscher der augusteischen Zeit.

4. Ausschluß der Ersitzung am Grenzrain. Über Ersitzung s. Bemerkung zu Tf. III, 7.

5. Regelung der Grenzstreitigkeiten durch die actio finium regundorum. Der Rechtsstreit soll möglichst freundschaftlich ausgeglichen werden: mit iurgium, nicht durch lis. Iurgium: inter benevolos aut propinquos dissensio, non lis inimicorum; inter inimicos dissensio lis appellatur (Cicero, de rep. 4, 8). Zu diesem Zweck sollen drei Schiedsrichter (arbitri) zur Entscheidung in einem Grenzstreit berufen werden.

6. Via: das einem Grundstückseigentümer vom Nachbar einge-

räumte Recht, einen Fahrweg über das Nachbargrundstück zu führen, eine der vier ältesten Prädialservituten (die übrigen: iter, actus, aquaeductus). Das Gesetz regelt die zulässige Breite des Fahrweges. Wer das Recht auf einen Fahrweg hatte, war gleichzeitig berechtigt, das Gehrecht (iter) und das Viehtriebsrecht (actus) auszuüben (Inst. 2, 3).

7. Diese Bestimmung scheint sich auf die via publica, den öffentlichen Weg bezogen zu haben, den die Anlieger zu unterhalten hatten. Hatte ein solcher die Pflicht, sie mit festem Steinuntergrund zu unterhalten, nicht erfüllt, mußte er damit rechnen, daß über sein anliegendes Grundstück ohne Entschädigungsrecht seinerseits von anderen das Vieh getrieben wurde. Vgl. auch Paulus sent. 1, 14; D. 43, 11, 3. Da der Begriff der privaten Grunddienstbarkeit nur das *Dulden* einer fremden Einwirkung auf das eigene Grundstück zum Inhalt hat, kann die Stelle auf ein privates Wegerecht nicht bezogen werden.

8. Willkürliche Änderung im Ablauf des Regenwassers durch besondere Anlage zum Nachteil eines Nachbarn war untersagt. Im Verfahren entschied ein arbiter. Handelte es sich um Leitung über einen öffentlichen Platz, konnte der geschädigte Eigentümer nicht Beseitigung der Anlage verlangen, sondern nur Schadenersatz.

9. Bestimmung zum Schutz des Nachbargrundstücks, dem das Sonnenlicht entzogen wurde oder in welches fremde Gewächse hineinragten.

10. Die Vorschrift will besagen, daß Überfall von Früchten auf fremde Grundstücke dem Eigentümer der fruchttragenden Sache verbleibt, der sich die Früchte auf dem fremden Grund holen kann. „Eicheln" analog auf alle Früchte ausgedehnt (Gaius, D. 50, 16, 236, 1); anders Tf. VIII, 11, wo der Gesetzgeber die generelle Bezeichnung wählt. Vgl. auch Tf. VIII, 7.

11. Grundsatz des alten Rechts, daß beim Kauf der Käufer einer Sache das Eigentum nicht schon durch Abschluß des Vertrags oder durch Sachübergabe erwarb, sondern erst mit der Preiszahlung an den Verkäufer. So auch im altägyptischen, babylonischen, griechischen Recht.

12. Bestimmung zum Schutz des im Testament unter einer Bedingung freigelassenen Sklaven. Vgl. hiezu auch Bem. zu Tf. V, 3.

Zu Tafel 8

Die Tafel enthielt strafrechtliche Bestimmungen und Regelung des Deliktsrechts. Vom Inhalt dieser Tafel ist fragmentarisch am meisten überliefert.

1. Auf öffentliche Schmähung stand Todesstrafe. Wahrscheinlich ist, daß es sich bei Schmähungen dieser Art um zauberische Verwünschungsformeln gehandelt haben mußte, vgl. das excantare in Ziff. 8 unten.

2. Körperverletzung durch Verstümmelung eines Gliedes gibt dem Verletzten das Recht auf Gleichvergeltung (Talion). Doch wird der Weg der gütlichen Auseinandersetzung zwischen den Beteiligten (s. Tf. I, 7; III, 5) auch hier offen gehalten. Talion ist in indogermanischen und anderen Rechten alter Zeit überliefert, z. B. in den den Zwölftafeln zeitlich und räumlich nahestehenden Gesetzen des Charondas von Katane auf Sizilien (um 550 v. Chr.):

Diodor, 12, 17, 4:

νόμου γὰρ ὄντος, ἐάν τίς τινος ὀφθαλμὸν ἐκκόψῃ, ἀντεκκόπτεσθαι τὸν ἐκείνου	… denn es bestand ein Gesetz, daß, wenn einer einem anderen das Auge ausschlägt, das des Täters ausgeschlagen werden soll.

Bezüglich des mosaischen Rechts sei auf das „Auge um Auge, Zahn um Zahn, Hand um Hand" usw. verwiesen (s. 2. Mose 21, 23–25; Mose 24, 19/20). Noch weiter gehen indische Rechte:

Strabon XV 6, 54 p. 710:

ὅ τε πηρώσας οὐ τὰ αὐτὰ μόνον ἀντιπάσχει, ἀλλὰ καὶ χειροκοπεῖται	… und wer jemand verstümmelt hat, erleidet nicht nur dasselbe, sondern ihm wird noch die Hand abgeschlagen.

3, 4: Knochenbruch wird mit Geldstrafe abgegolten, desgleichen leichte Körperverletzung (iniuria). Iniuria des Zwölftafelrechts hat noch nicht die Bedeutung von Ehrenkränkung, was mit Rücksicht auf den alten Agrarstaat begreiflich erscheint. Poena (= ποινή) ist hier Deliktsbuße, nicht öffentliche Strafe.

5. Stark verstümmeltes Fragment, wohl Sachbeschädigung (damnum iniuria datum) betreffend.

6. Tierschaden. Verwandte Bestimmungen im griechischen Recht. Nach Solonischem Recht muß dem Geschädigten das Tier an einem Halseisen ausgeliefert werden (παραδοῦναι: Plutarch, Solon 24); darauf fußend Plato, leges 11, 936 d: ὁ τοῦ βλάψαντος δεσπότης ἢ τὴν βλάβην ἐξιάσθω ἢ τὸν βλάψαντα αὐτὸν παραδότω. Verwandt damit der Schaden, welchen Gewaltunterworfene anrichten, s. Tf. XII, 2.

7. Verbot des Weidens auf fremden Grundstücken mit Ersatzklage des Geschädigten. Der vorliegende Fall kann nicht mit der actio de pauperie (Tierschadensklage) verfolgt werden, weil kein Tierschaden im eigentlichen Sinn dann gegeben ist, wenn das Tier infolge bewußter menschlicher Einwirkung Schaden zufügt. Vgl. auch Tf. VII, 10.

8. Bestimmungen gegen bösen Zauber in bezug auf Ernteerträgnisse, Verhexen fremder Saaten oder Herüberziehen guter Saat des fremden Feldes auf das eigene. Das nach Volksaberglauben mögliche Zusammenarbeiten mit den bösen Geistern stand unter Todesstrafe (Augustinus, Civ. Dei 8, 19). Von Hexenwirken in diesem Sinn spricht auch Ovid (rem. am. 254/5): Non anus infami carmine rumpet humum, non seges ex aliis alios transibit in agros.

9. Nächtliches Abweiden oder Abernten fremder Feldfrüchte war todeswürdiges Verbrechen. Ceres ist die Schutzgöttin der Feldfrüchte. Vgl. Zff. 24 b hinsichtlich der Strafe.

10. Ähnlich dem Talionsgedanken hier Wiedervergeltungsidee durch Strafe des Feuertodes.

11. Der mit legisactio vorgehende Kläger mußte den Wortlaut „arbores" gebrauchen und durfte bei Meidung des Prozeßverlustes nicht die konkrete Bezeichnung (vites u. dgl.) wählen

(Gaius 4, 11). Gegenstück oben Tf. VII, 10.

12, 13: Tötungsrecht bei Diebstahl; gegen den nächtlichen Dieb ohne weiteres, gegen den Dieb bei Tage aber nur, wenn er von der Waffe Gebrauch macht und wenn der Angegriffene Gerüft erhebt.

Gerüft auch in anderen antiken Rechten, ebenso in germanischen. S. auch oben Tf. II, 3.

14. *saxum:* der tarpeische Felsen am Kapitol, vgl. unten Zff. 23.

14–16. Diebstahl, bei dem der Dieb auf handhafter Tat ergriffen wurde (furtum manifestum) wird mit Kapitalstrafe geahndet (Freiheitsverlust bzw. Todesstrafe). Diebstahl, wo die Feststellung des Täters erst später geschieht (furtum nec manifestum) führt zur Strafe des doppelten Wertersatzes an den Geschädigten. Unter furtum conceptum, oblatum verstand man gewisse Sachlagen, die mit der Haussuchung lance et licio (über diese gleich unten) zusammenhingen: erstere ging gegen den Hausherrn, bei dem das Diebesgut bei einer Haussuchung gefunden wurde, letztere scheint eine Ersatzklage des bei einer Haussuchung überführten Besitzers gegen den gewesen zu sein, der ihm das Diebesgut untergeschoben hatte. Beide Klagen gingen auf dreifachen Wertersatz (Gaius 3, 186/7).

Die Haussuchung lance et licio, die ähnlich auch in griechischen und germanischen Rechten überliefert ist, ging folgendermaßen vor sich: Der Bestohlene konnte nackt, nur mit einem kleinen Schurz (licium) bekleidet und eine flache Schüssel (lanx) in der Hand, in fremden Häusern nach der Sache suchen. Die Schüssel diente zur Aufnahme der Sache und zur Behinderung des heimlichen Einbringens der Sache, das Bekleidungsverbot war zum Zweck des Vorbeugens des Einschleppens gedacht. Den Hergang berichtet Festus P. 117, Gaius 3, 192. Fand sich bei der Suchaktion die gestohlene Sache, wurde der Diebstahl nach Zwölftafelrecht nach Gaius 3, 193 wie ein furtum manifestum behandelt. Ist freilich dieser Gaiusbericht zutreffend, dann ist die Erklärung über die gleichzeitige Regelung des furtum conceptum, oblatum sehr erschwert, weshalb angenommen wird, daß diese letzteren Abarten spätere Zusätze seien.

17. Verbot der Ersitzung einer gestohlenen Sache, später durch eine lex Atinia ergänzt.

18. *fenus unciarium:* vom As jährlich eine uncia ($^1/_{12}$ As) als Zins = $8^1/_3$ %.

19. Diese auf das doppelte des Wertes gehende actio depositi ist deliktisch aufzufassen. Der Unterschlagende wird wie ein fur nec manifestus behandelt. Vgl. Zff. 14–16.

20. Doppelte Wertersatzklage gegen ungetreue Vormünder. Gesamtschuldnerische Haftung.

21. *sacer:* der Gottheit geweiht, d. i. durch Todesstrafe im Weg des Opferrituals alter Zeit vermittels eines Kultaktes. Das „sacer esto" findet sich schon in verschiedenen Überresten von Gesetzen der Königszeit (leges regiae), so in Gesetzen des Numa und des Servius Tullius und ist bereits überliefert in der ältesten Inschrift des lapis niger des alten Comitium.

22. Gedacht ist an die fünf Zeugen und den Wägemeister (libripens), die bei Manzipationsakten mitwirkten. Folge der Zeugnisverweigerung ist hier Infamie und dauernder Verlust der Zeugenfähigkeit im aktiven und passiven Sinn: Unfähigkeit ein Zeugnis abzulegen und Unfähigkeit, für eigene Zwecke einen Zeugen zu erhalten. Weitere Folgen einer Zeugnisverweigerung s. Tf. II, 3. – Zeugnispflicht im eigentlichen Sinn bestand nach Zwölftafelrecht nicht, sondern nur indirekter Zwang; mit Rechtsnachteilen nur für gebetene Geschäftszeugen.

23. Über die Übung, wenn der deiectus beim Felssturz mit dem Leben davonkam, vgl. oben Dio Cassius fr. 16, 8, Bem. zu Tf. III, 6.

24 a. Bei Tötung ohne Tötungsabsicht soll keine Strafe, sondern nur religiöse Sühnung eintreten. Ähnlich schon in einem Gesetz Numas (Servius in Vergilii ecl. 4, 43: in Numae legibus cautum est, ut si quis imprudens occidisset hominem, pro capite occisi agnatis eius in contione offerret arietem).

24 b. Vgl. Tf. VIII, 9. Über die Strafe des homicidium der Zwölftafeln ist uns nichts Näheres überliefert.

25. Wahrscheinlich haben die Zwölftafeln Bestimmungen über Giftmischerei enthalten.

26. Fall der seditio. S. Mommsen, Röm. Strafrecht S. 562, 563

N. 4. Ob die von dem Rhetor Seneca, exc. contr. 3, 8 aufge-
führten Gesetzesworte „Qui coetum et concursum fecerit, capi-
tale sit" unser Gesetz betreffen, ist unsicher.
27. Privatautonomie im Vereinsrecht. Übernahme aus dem
Solonischen Recht.

Zu Tafel 9

Die Fragmente dieser Tafel enthalten öffentlichrechtliche,
hauptsächlich strafrechtliche Bestimmungen. Große Teile
sind hier verlorengegangen.

1. 2: Privilegien widersprechen dem Gleichheitsgrundsatz aller
vor dem Gesetz s. auch Tf. I, 5. Strafe des caput bedeutet im
Rechtssinn nicht bloß die Todesstrafe, sondern jede Strafe, welche die bürgerliche Existenz berührt bzw. die Stellung als freier
römischer civis, also auch Freiheitsverlust, Bürgerrechtsverlust
(Gaius 3, 153: civili ratione capitis deminutio morti coaequa-
tur). – Die Höchste Volksversammlung (maximus comitiatus)
sind die durch die Servianische Verfassung geschaffenen Zenturiatkomitien.

3. Kapitalstrafe für den bestochenen Richter.

4. Die quaestores parricidii, Untersuchungsrichter für Mordsachen, wenn jemand einen Blutsbruder (par) d. h. einen Ver-
wandten oder Geschlechtsgenossen schuldhaft getötet hatte, später für alle Mordsachen, gehen schon auf die Königszeit zurück
(s. Festus P. 221).

5. Fälle des Landesverrats (perduellio, proditio).

6. Grundsatz, daß in Fällen, wo Todesstrafe gesetzlich angeordnet war, ein Verfahren mit Urteilsspruch der Vollstreckung vor-
auszugehen hatte. Diese Bestimmung galt natürlich nicht für
jene Fälle, wo ein Tötungsrecht im Sonderfall gesetzlich erlaubt
war, s. Tf. III, 5; 6; Tf. IV, 1; Tf. VIII, 12; 13.
Auch der zum Tod Verurteilte konnte die Zenturiatkomitien
anrufen (Tf. IX, 1; 2 u. Bruchstücke unbk. Zugeh. Zff. 5). Auch

in jenen Fällen, wo das Gesetz jemand für todgeweiht (sacer) erklärte (s. Tf. VIII, 21), durfte nicht Lynchjustiz vorgenommen werden.

Zu Tafel 10

Diese Tafel war vor Ergänzung des Gesetzes durch die neugewählten Dezemvirn die letzte Tafel des ersten Gesetzgebungsteils. Sie enthielt das ius sacrum der Leichenbestattung und der damit zusammenhängenden Fragen. Die Vorschriften über die Aufwandsbeschränkungen im Bestattungswesen sind den Solonischen Gesetzen nachgebildet. Vgl. unten Bem. 2–6 und Plutarch, Solon c. 21 i. f.: ἀμυχὰς δὲ κοπτομένων καὶ τὸ θρηνεῖν πεποιημένα καὶ τὸ κωκύειν ἄλλον ἐν ταφαῖς ἑτέρων ἀφεῖλεν (bei der Trauer schaffte er das Zerkratzen des Gesichts, die Klagelieder und das Wehklagen fremder Leichenbegleiter ab). Fast sämtliche überlieferte Stücke dieser Tafel stammen aus dem zweiten Buch von Ciceros Schrift de legibus.

1. Grund der Vorschrift: Rücksicht auf die Freihaltung bewohnbaren Raumes von Kultstätten, sanitäre und feuerpolizeiliche Leitgedanken. „neve urito" bedeutet nach Cicero de leg. 2, 23, 58 hier „non qui uratur sepeliri, sed qui humetur".

2–6: Vorschriften, von welchen Cicero, de leg. 2, 23, 59 sagt, sie entstammten den Solonischen Gesetzen, wo Aufwand bei Bestattungen und Leichenklagen eingeschränkt wurden: Iam cetera in XII tabulis minuendi sumptus sunt lamentationisque funebris, translata de Solonis fere legibus.

5. Bei Tod in der Fremde oder im Feld kam es vor, daß man ein Glied des Körpers (os resectum) nachhause überführte und in Rom bestattete, in welchem Fall ausnahmsweise zwei Leichenfeiern in Frage kommen konnten.

7. Betrifft Ehrenkronen, welche dem Verstorbenen bei Lebzeiten zuerkannt wurden, sei es, daß sie von ihm persönlich oder durch

Glieder seiner Familie erworben wurden. Darunter konnte auch ein Erwerb fallen, der durch eigene Sklaven oder durch Rennpferde seines Stalles gewonnen war (Plinius n. h. 21, 3; 7; Cato, de re rust. 138).

8. Zweck: Erhaltung des Goldes im Staatsinteresse. Interessantes Streiflicht auf das Alter der Goldverwendung zur Zahnfestigung.

9. Zwecks Verhütung der Brandgefahr.

10. Grund: Die Grabstätte als locus religiosus stand dauernd unter dem Schutz der di Manes der betreffenden Familie.

Zu Tafel 11

Die Tafeln 11 und 12 enthielten Nachträge verschiedenen Inhalts zur Ergänzung des gesamten Gesetzgebungswerkes. Zu diesen Nachträgen scheint namentlich auch das bei Servius in Verg. Aen. 7, 695 genannte sakrale Fetialrecht gehört zu haben, das aus der etruskischen Stadt Falerii übernommen wurde (s. oben S. 22/23).

1. Die Zulassung des conubium zwischen Patriziern und Plebejern brachte erst die lex Canuleia vom Jahr 445 v. Chr. Die Vorschrift in Tf. XI, 1 ist eine einschneidende Durchbrechung des sonst im Gesetz zu beobachtenden Gleichheitsgrundsatzes, s. Tf. I, 5; IX, 1.

2. Schalttage wurden im vorjulianischen Kalender jeweils nach dem 23. Februar nach Bedarf eingefügt. – Sempronius Tuditanus sowie L. Cassius Hemina waren römische Historiker der Zeit nach dem älteren Cato.

3. Auf das Gerichtswesen nahmen zunächst die pontifices großen Einfluß und entzogen dem Volk allgemein die Kenntnis der Gerichtstage (dies fasti), zweifellos in der Absicht, dadurch von sich aus auf die Eindämmung von Rechtsstreitigkeiten hinzuwirken. Der scriba Cn. Flavius trug Sorge, daß der Gerichtskalender (fasti), d. h. das Verzeichnis derjenigen Tage, an wel-

chen der Prätor angegangen werden konnte und Klage zulässig war, dem Volk wieder allgemein bekannt wurde (312 v. Chr.). Im Zwölftafelgesetz scheint in einer der letzten Tafeln über den Gerichtskalender näheres niedergelegt gewesen zu sein.

Zu Tafel 12

Die Tafel enthält, wie die Tafel 11, Nachträge zu den Tafeln 1–10.

1. Betrifft die alte legisactio per pignoris capionem, die mit einer außergerichtlichen privaten Pfändung begann. Es handelte sich hier um eine staatlich autorisierte Selbsthilfe, welche zunächst im öffentlichen und sakralen Interesse gewährt wurde. Bei Widerspruch gegen die Pfändung kam der Rechtsstreit in Gang, über dessen Verlauf wenig bekannt ist.

2. Die Noxalklagen richten sich gegen schädigende Handlungen von Gewaltunterworfenen (Sklaven und Hauskinder). Der in Anspruch genommene Gewalthaber war gehalten, entweder selbst den Schaden zu ersetzen oder den Gewaltunterworfenen dem Geschädigten preiszugeben. Vgl. auch Tf. VIII, 14. Diese Regelung zeigt Parallelen zum Tierschaden (Tf. VIII, 6).

3. ... TOR ist mit [PRAE]TOR zu ergänzen. Die Stelle betrifft die Regelung bezüglich der Früchte der in Streit befangenen Sache, deren einstweiliger Besitz während des Rechtsstreits durch den Prätor einer der Parteien überlassen worden war (vindiciae; über diese s. oben Bem. zu Tf. VI, 6). Zeigte sich dann bei Erledigung des Rechtsstreites, daß der Sachbesitz der anderen Partei zukam, so konnte der Obsiegende den doppelten Wertersatz der Früchte beanspruchen. Ob und unter welchen Voraussetzungen auch der doppelte Wert der Sache selbst erstattet werden sollte, läßt die unvollständig erhaltene Bestimmung nicht erkennen.

4. Betrifft Veräußerungs- bzw. Beeinträchtigungsverbot der Parteien hinsichtlich der in Streit befangenen Sache (res litigiosa). Eine analoge Bestimmung findet sich auch im Stadtrecht von Gortyn.

5. Demokratischer Grundsatz: Die Endentscheidung in allen Angelegenheiten liegt beim Gesamtvolk, das darüber im comitiatus maximus (s. Tf. IX, 1; 2) befindet. Die einzige uns bekannte staatsrechtliche Vorschrift der Zwölftafeln. (Berger).

Zu den *Bruchstücken* unbekannter Zugehörigkeit

1. „wird bekommen haben, wird genommen haben"; Bruchstück, vielleicht zur pignoris capio Tf. XII, 1 gehörig.
2. alte Schreibweise: quandoc.
3. Hinweis auf die alten Formen der Zwölftafelsprache für „tradito", „implorato". Zu letzterem vgl. Tf. VIII, 13. Ersteres vielleicht zu Tf. III, 5, V, 2, VIII, 6; 14, XII, 2, gehörig.
4. Im gewöhnlichen Sprachgebrauch wird zwar schlechthin „dolus" ohne Beisatz für betrügerisches, arglistiges Verhalten gebräuchlich; doch bleibt „dolus malus" in der offiziellen Amtssprache stets in Übung, so im Hadrianischen Edikt (D. 4, 3, 1, 1) und noch in der Kodifikation Iustinians (Cod. I. 2, 20).
5. Der römische Bürger hatte grundsätzlich gegen Straffestsetzungen der Beamten das Recht, das Volk anzurufen (provocare ad populum). Die Provokation ging an die Zenturiatkomitien (comitiatus maximus). Das Bruchstück gehört wohl zu Tf. IX. Im Zivilstreit galt das „provocare ad iudicem", s. oben S. 75.
6. Wichtiger Hinweis auf die Bedeutung des Eides zur Festigung der Vertragstreue und zur Beilegung von Streitigkeiten. Wohl zum pactum gehörig. Vgl. Tf. I, 6; III, 5; VIII, 2. Solche pacta mit Eiden und Strafsanktionen unter Privaten unter dem Namen foedus, z. B. bei Petronius, sat. 109, 2–6 im Wortlaut überliefert. Auch Strafsanktionen in Stipulationsform unter eidlicher Bekräftigung sind nach Zwölftafelrecht denkbar (s. Tf. II, 1 b). Beziehung kann auch zum Patronatsrecht bestehen (Tf. V, 8; VIII, 21), wo eine iurata promissio operarum, eine eidliche Zusicherung der Leistungen des Freigelassenen an den Patron rechtens wurde (Gaius 3, 96). Eine Beziehung zu Tf. VIII, 23 liegt ferner, doch kann eine solche zu Tf. I, 10, die

vades betreffend, bestehen (s. Gaius 4, 185). Die hervorragende Bedeutung des Eides zur Streitbeilegung wird auch noch in den späteren römischen Rechtsquellen eindringlich hervorgehoben: Gaius, D. 12, 2, 1: maximum remedium expediendarum litium in usum venit iurisiurandi religio und Paulus D. 12, 2, 2: iusiurandum speciem transactionis (Vergleich) continet maioremque habet auctoritatem quam res iudicata. Vgl. auch oben S. 71 ff.

7. S. Tf. I, 9. – Die Stelle, den Sonnenaufgang betreffend, ist verloren.

8. Alle Wertangaben der Zwölftafeln beziehen sich auf das alte Libralas, die aerei nummi: s. Tf. I, 10; II, 1; VIII, 3; 4; 11; 18a, ferner Tf. VII, 1. Manche nehmen an, daß in den Zwölftafeln überhaupt noch keine Münzen genannt gewesen seien, sondern lediglich Gewichtsbestimmungen von aes. Jedenfalls ging die Markung der Kupferbarren (aes signatum) schon in die Königszeit zurück (Plinius n. h. 33, 3, 43; Servius rex primus signavit aes).

9. Rechtssätze der genannten Formulierung aus den Zwölftafeln sind nicht näher bekannt. – Servius Sulpicius war ein gefeierter Jurist zu Ciceros Zeit, der sich auch mit Kommentierung des Zwölftafelrechts befaßte. Er stellte in seiner Tätigkeit die Idee des gütlichen Ausgleichs in den Mittelpunkt. Cicero stand mit ihm in regem Verkehr und Briefwechsel und widmete ihm in der 9. Philippischen Rede ein besonders ehrendes Andenken. S. Sulpicius verstarb auf einer Gesandtschaftsreise an Antonius, die er im Auftrag des Senats unternahm. In der genannten Rede beantragte Cicero für ihn auch die Errichtung eines Erzstandbildes auf dem Forum, dessen Vorhandensein noch der Jurist Pomponius bestätigt (D. 1, 2, 2, 43).

10. Vielleicht zu Tf. VIII, 22 gehörig.

11. Öffentliche Bekanntgabe „für die römischen Bürger" (Quirites).

Sachverzeichnis